CAMPAGNES

DE LA LOIRE ET DE LA SARTHE

CAMPAGNES
DE LA LOIRE
ET DE LA SARTHE

PENDANT LA GUERRE FRANCO-ALLEMANDE

1870-1871

AVEC

UN AUTOGRAPHE DU GÉNÉRAL CHANZY

ET UNE CARTE DU THÉATRE DE LA GUERRE

PAR

GEORGES BREUILLAC

Avocat, capitaine au 4ᵉ Bᵒⁿ de la Garde mobile
des Deux-Sèvres

NIORT	PARIS
L. CLOUZOT, ÉDITEUR	E. DENTU, ÉDITEUR
22, rue des Halles, 22	Galerie d'Orléans

1871

« Celuy qui vous maistrise tant, n'a que deux yeux, n'a
« que deux mains, n'a qu'un corps, et n'a autre chose que
« ce qu'a le moindre homme du grand nombre infiny de vos
« Villes : sinon qu'il a plus que vous tous, c'est l'avantage
« que vous luy faites pour vous destruire. D'où a-il prins tant
« d'yeux? d'où vous espie-il si vous ne les luy donnez?
« Comment a-il tant de mains pour vous frapper, s'il ne les
« prend de vous? Les pieds dont il foule vos citez, d'où les
« a-il, s'ils ne sont des vostres? Comme a-il aucun pouvoir
« sur vous que par vous autres mesmes? Comment vous
« oseroit-il courir sus, s'il n'avait intelligence avec vous?
« Que vous pourroit-il faire, si vous n'estiez recelleurs du
« larron qui vous pille? complices du meurtrier qui vous tüe,
« et traistres de vous-mesmes? Vous semez vos fruits, afin
« qu'il en fasse le degast? Vous meublez et remplissez vos
« maisons, pour fournir à ses voleries : Vous nourrissez vos
« filles, afin qu'il ait dequoy saouler sa luxure : *Vous nour-*
« *rissez vos enfants, afin qu'il les meine, pour le mieux qu'il*
« *leur face, en ses guerres, qu'il les meine à la boucherie,*
« *qu'il les face les ministres de ses convoitises, les exécuteurs de*
« *ses vengeances :* Vous rompez à la peine vos personnes, afin
« qu'il se puisse mignarder en ses délices, et se veautrer dans
« les sales et vilains plaisirs : Vous vous affoiblissez, afin de
« le faire plus fort et roide, à vous tenir plus courte la bride.
« Et de tant d'indignitez, que les bestes mesmes, ou ne sen-
« tiroyent point, ou n'endureroyent point, vous pouvez vous
« en délivrer si vous essayez, non pas de vous en délivrer,
« mais seulement de le vouloir faire. Soyez résolus de ne
« servir plus, et vous voila libres. »

Discours sur la servitude volontaire d'Estienne de la
Boëtie.

Niort, le 9 juillet 1871.

Mon général ,

Vous avez été, avec M. Gambetta qu'il est de mode aujourd'hui d'attaquer, les deux représentants véritables de la défense nationale dans cette dernière guerre.

Député, ni la disgrâce de la droite, ni la perspective de partager le sort des généraux Clément Thomas et Lecomte, n'ont mis en désaccord vos votes et votre épée.

Je viens d'achever l'histoire des trois corps d'armée qui ont été sous vos ordres, et mon livre va paraître.

Permettrez-vous au plus humble de vos officiers

de le dédier à celui grâce auquel la France peut dire comme François Ier, « tout est perdu fors l'honneur »; à celui qui continue dans l'armée la tradition libérale de Vauban, Foy et Charras.

Votre très-obéissant serviteur,

GEORGES BREUILLAC.

Capitaine à la 5e Cie du 4e Bon de la garde mobile des Deux-Sèvres; 21e corps, 1re division, 1re brigade.

Versailles le 4 Juillet 1871

Mon cher Capitaine,

Je vous suis reconnaissant de ce que vous voulez bien faire pour l'histoire de l'armée de la Loire, dont les efforts, s'ils n'ont pas abouti à un résultat plus complet, n'en font pas moins grand honneur à ceux qui ont fait partie de cette armée qu'elle bien grâce d'eux.

Je lirai avec beaucoup d'intérêt croyez-le, l'histoire que vous m'annoncez et que vous me faites l'honneur de me dédier.

Veuillez agréer, mon cher Capitaine, l'expression de mes sentiments les plus distingués

Chanzy
Député des Ardennes

LIVRE I

—

PRÉFACE

En voulant s'occuper de l'armée de Chanzy, on est aussi forcé de parler de celle d'Aurelles de Paladines. — M. Gambetta a sa place dans ce récit. — But de l'ouvrage. — Il fallait continuer la guerre après Sedan. — La seconde partie de la campagne est sacrifiée à la première, et les armées de province au siége de Paris. — Le drapeau est une famille. — Comparaison entre la deuxième armée de la Loire et celle qui combattait en Italie de 1796 à 1797. — Réponse aux livres historiques publiés par nos ennemis ou les amis de nos ennemis. — Les documents officiels français. — Fanfaronnades des fonctionnaires militaires; erreurs grossières des fonctionnaires civils. — Deux façons d'écrire l'histoire. — La philosophie est applicable au passé; la narration convient au présent.

1. — J'avais l'intention de ne raconter ici que les batailles livrées par l'armée de Chanzy; mais pour présenter nettement et complètement les campagnes de la deuxième armée de la Loire il faut prendre avant la destitution d'Aurelles de Paladines et la division de

ses troupes en deux armées. L'une sous la conduite de Bourbaki est allée réfugier en Suisse ses bataillons poursuivis par les Prussiens, et mérite, pour parler franchement, le nom d'armée de l'Est ; nous n'avons pas à nous en occuper ici. L'autre, l'armée qui opéra dans l'Orléanais, avait été recrutée à Vierzon et au Mans ; elle reçut même des renforts de Cambriels et du camp de Conlie. Parmi ces corps futurs de Chanzy, et je ne parle pas pour l'instant de celui dont Frièreck avait soigné l'organisation, le 16e entra en ligne à Coulmiers, le 17e se battait à la veille du désastre d'Orléans ; tous deux ont formé la deuxième armée de la Loire : il importe donc de connaître les débuts de leurs généraux et de leurs soldats. N'avions-nous pas aussi avec nous quelques divisions du 15e corps, ce père de l'armée de la Loire, qui fut démembré après la prise d'Orléans par les Prussiens, autant par les batailles que par la destitution de son chef. Enfin, dans toute cette campagne, il y eut un tel roulement, entre les troupes qui changeaient de division, de corps et même d'armée tous les jours, intercalées par leurs positions plutôt que par le besoin, par le hasard plutôt que par leurs aptitudes, que toutes les histoires se confondent un peu.

Arrivé là pour écrire l'histoire entière de la guerre dans l'Ouest, sauf la Normandie, défendue par un corps qui n'a jamais été rattaché à un grand commandement, il n'y avait qu'un pas à faire, puisque Coulmiers date des premiers jours de novembre, et qu'ayant, nous ne rencontrons que des faits non sans valeur, mais d'une moins grande importance, que tous les malheurs qui ont fondu sur notre patrie. Voilà pourquoi nous n'avons pas hésité à placer en tête de notre récit le combat de Toury, la prise d'Orléans et l'incendie de Châteaudun. Le public aura ainsi un tout homogène, et si ce livre est rapproché des reporters de l'armée du Rhin et de celle des Vosges, ainsi que des historiens du siége de Paris, il ne sera peut-être pas sans utilité pour l'histoire générale.

2. — Mais parmi les acteurs de ce triste drame, il y en a un qui ne doit pas être oublié davantage. Quoiqu'il n'ait pas paru sur les champs de bataille de Toury, Coulmiers, Villepion, Josnes et Vendôme, M. Gambetta a sa place nécessaire ici. Ce fut comme le régisseur qui frappe les trois coups, au moment où les principaux rôles entrent en scène, et peut-être comme le souffleur qui murmure, à l'oreille des comparses, la phrase oubliée derrière le feu de la rampe. Il a été de toutes les accusations, il est bien juste qu'il soit de toutes les excuses et de toutes les glorifications. Pourtant, je l'avoue, j'ai hésité à introduire ses actes dans le récit, sachant ce qu'il y perdrait d'intérêt ou de disposition. Un instant mes convictions ont failli s'arrêter devant la pureté de mon plan. Ne pouvait-on pas me dire que ces décrets tourangeaux et bordelais appartenaient à toutes les armées, et que je n'avais aucune raison alors de m'arrêter et de ne pas décrire toute la guerre en province. Mais j'ai passé outre quand j'ai rencontré sous le

harnais militaire un camarade de collége qui, ayant fait une autre campagne, publiait également son récit (1). Si donc la moindre faveur s'attache à ce livre, comme je suis sûr qu'elle s'attachera au sien, une fusion aura lieu, et la dernière objection tombera faute d'objet.

Enfin, comment ne pas dire un mot des sorties de Paris, qui ont coïncidé ou qui auraient dû coïncider avec les opérations des armées de la Loire.

3. — Voilà mon plan. Maintenant il s'agit de dire au public quel a été mon but. « La passion politique, jointe à l'ignorance des choses, a profondément aveuglé et corrompu l'esprit de la foule. Ceux qui pour l'honneur de la France, n'ont même pas, après Sedan, désespéré du salut de la patrie, sont accusés par les lâches et les fourbes, qui n'ont rien dit ou rien fait. La calomnie, comme toujours a fait son chemin; non-seulement on a accusé le gouvernement de la défense nationale d'avoir commis des fautes : on a parlé de crimes. Ne doit-on pas en face de cette réaction déloyale, rétablir autant que possible la vérité des faits, et dire de quelle insuffisance se sont montrés ceux sur lesquels le gouvernement avait compté. » J'assimile au gouvernement pas mal de chefs militaires dévoués à la République, ou faisant taire leurs convictions devant le danger de la patrie, que j'ai eu le bonheur de rencontrer dans le parti de la guerre à outrance,

(1) *Campagne de France, 1870-71. Souvenirs et impressions d'un officier du régiment des Deux-Sèvres.* In-12, 2 fr. Paris, Dentu. Niort, Clouzot.

et auxquels il n'a manqué, comme à Gambetta, que des seconds. Enfin, sans croire au dogme de la fatalité, la part des circonstances, à côté de celles des hommes, ne me semble pas la plus petite et la moins digne d'être exposée.

4. — Je n'ai jamais compris ce reproche qui a été fait à Jules Favre, de n'avoir pas traité après Sedan au prix de Strasbourg. Outre la honte qu'il y aurait eu à livrer une ville, dont la résistance indiquait assez la volonté, en face de Paris plein d'ardeur, de l'armée de Metz intacte, des ressources de la province, qui donc alors en France eût jugé la lutte impossible ?

D'ailleurs, malgré les soi-disant aveux de notre ministre des affaires étrangères à M. Vallon, il ne m'est pas prouvé que dans l'entrevue de Ferrières, on pût obtenir des conditions meilleures qu'en février dernier. M. de Bismark avait posé dans deux circulaires diplomatiques les conditions auxquelles l'Allemagne pourrait cesser la continuation de la guerre : « Rendre plus difficile pour la France, sa prochaine agression contre la frontière allemande, et surtout contre celle de l'Allemagne du Sud sans défense jusqu'ici, en cherchant à reculer cette frontière, et par suite le point de départ des attaques françaises, et en donnant à l'Allemagne, comme boulevard défensif, les places fortes à l'aide desquelles la France nous menace (1). » — « Aussi longtemps que la France reste en possession de Strasbourg et de Metz, son offensive stratégique est

______

(1) Reims, 13 septembre.

plus forte que notre défensive, par rapport au Sud tout entier et à la partie du Nord de l'Allemagne, situé sur la rive gauche du Rhin. Strasbourg appartenant à la France, est une porte de sortie toujours ouverte sur l'Allemagne du Sud, tandis que possédée par l'Allemagne, Strasbourg et Metz acquièrent un caractère défensif (1). »

Ces documents ne sont-ils pas la preuve que la Prusse a voulu la guerre pour une acquisition de territoire déterminée dès le premier pas qu'elle a posé sur notre sol? En 1867, on vendait déjà des cartes de la nouvelle Allemagne, de cette Allemagne que le canon Krupp ne devait réaliser qu'en 1871. Quant au traité qu'avait conclu l'empire, il n'aurait pas été plus tenu en face de nos défaites que la convention qui nous attribuait le Luxembourg depuis Sadowa n'a eu de résultat, quand nous pouvions encore montrer les dents. Depuis l'aristocratique Angleterre qui lui avait refusé les complices d'Orsini, jusqu'à la démocratique Amérique, qui l'avait mis à la porte du Mexique, l'ex-empereur n'avait-il pas la spécialité de se faire berner par ses voisins?

5. — La défaveur qui s'attache aujourd'hui aux hommes du 4 septembre, a rejailli sur les armées de province, et comme deux généraux seuls avaient eu le malheur aux yeux de certaines gens de n'avoir pas été disgrâciés par Gambetta, c'est sur eux que l'effort s'est porté. Les mêmes hommes qui eussent voulu ter-

(1) Meaux, 16 septembre.

miner la guerre, à la capitulation de l'empereur, sans se préoccuper de ce que deviendrait alors l'honneur de la France, les mêmes qui voulaient purement et simplement faire remonter sur leurs siéges, les Devienne et les Raoul Duval, et qui ne parlent rien moins maintenant que de faire rentrer dans le néant les décrets rendus par la délégation de Bordeaux, ont nié que nuls excepté Bazaine et Mac Mahon, aient possédé en France une armée. Que si parfois ils veulent un instant sortir de leur ignorance ou de leurs passions politiques, c'est pour offrir un léger applaudissement aux soldats de Trochu, qui n'ont jamais fait de marche, ont eu dès le début des vêtements convenables, et même à la fin du siége de Paris, ont connu le rationnement du pain, mais jamais son absence.

Pourtant au mois de janvier il me semble avoir entendu un bien autre langage. Ce n'était pas à ses soldats, aux travaux et à la bravoure desquels je rends d'ailleurs hommage, de faire une sortie, de percer les lignes ennemies, et de venir se ravitailler en province. A la province seule était échue la tâche de tendre les bras à Paris, de le délivrer du cercle de fer qui l'étreignait, et d'entrer un jour dans ses murs, pour l'aider à mettre à la porte de sa banlieue les derniers Prussiens. Et ce serait à des armées indignes de ce nom, à des rassemblements d'hommes, œuvre d'un ministre de la guerre, avocat de taverne, qui n'avait jamais rien su ni voulu faire, qu'on présentait une pareille tâche et qu'on espérait la voir réaliser. Messieurs de la réaction, vous ne vous piquez pas de logique.

Ce que je veux, c'est exposer sans prévention ni ménagements les gloires et les fautes, et j'ai la conviction que l'opinion publique reviendra. Quant au gouvernement, qui ayant pris dans la deuxième armée de la Loire, huit divisions sur treize; dont se compose l'armée qui vient de rétablir l'ordre dans Paris, et qui accomplit ce que les Prussiens n'avaient pu accomplir, ce doit être déjà chose faite. Non seulement, il ne marchandera plus à Chanzy et à Faidherbe, la régularisation des grades légitimement gagnés, et ne parlera plus de passer l'éponge sur toutes nominations faites à Tours et à Bordeaux, sans même vouloir admettre les porteurs à l'épreuve du concours, mais encore il récompensera ces armées dans l'étendue de leurs services, et puisque le malheur des temps a voulu que l'on attachât encore de l'importance à ce hochet qu'on nomme Légion d'honneur, trop répandu et qu'on donne à l'ancienneté, il fera pour la deuxième armée de la Loire au moins autant que pour les capitulards de Metz et de Sedan, auxquels l'avancement et la décoration n'ont pas été marchandés, mais je le reconnais dans un but politique, au moment où on avait besoin d'eux, dans la France en proie aux partis.

6. — Si j'ai décrit cette armée de Chanzy, ce n'est pas seulement parce que j'en ai fait partie, mais parce qu'elle a été la plus importante et la plus glorieuse que la république ait formée. L'admiration qu'elle m'a inspirée en a été cause, indépendamment de l'affection que je lui ai portée, comme parent; car, si la parenté

est issue du sang, on l'est aussi bien quand on a mélangé le sien, ou couru le risque de le mélanger sur les champs de bataille, et qu'on a combattu à l'ombre du même drapeau, que si on l'a reçu d'un auteur commun. Ceux qui ont été élevés sous la même aile maternelle, et à l'enfance desquels un père n'a ménagé ni les conseils, ni l'argent, ne sont pas plus frères que ceux qui ont dormi côte à côte sous une même tente en face du ciel inclément, mangé à la même marmite, et supporté ensemble les fatigues et les insomnies.

M. P. Leroy Beaulieu, dans la revue des Deux-Mondes du premier mars a dit : « Jamais il n'y eut dans l'histoire d'exemple d'une armée battue déployant tant de persévérance et d'obstination (1), » et deux pages plus loin : « nulle n'a fourni une plus rude carrière, elle a lutté pendant vingt-cinq jours en moins de deux mois, et a livré sept ou huit batailles rangées. Ce seul résultat est glorieux pour des hommes arrachés en automne à leurs charrues et à leurs ateliers, pour des troupes, qui n'avaient d'autres officiers que de jeunes étudiants sans expérience militaire, qui n'étaient ni vêtues, ni nourries et à peine armées. » Et en effet tout le monde souscrira à ces paroles que le général Jaurès adressait à ses troupes, en manière d'adieu, le 9 mars 1870 : « Si vos efforts n'ont malheureusement pas suffi pour assurer le salut de notre chère patrie, du moins, dans le désastre que nous subissons ce ne sera pas sans fierté que chacun pourra

---

(1) *Guerre en province*, p. 172.

1*

dire, j'étais dans le 21ᵉ corps et j'ai fait mon devoir.»

L'armée de Chanzy, auquel est dû pour une bonne part le succès de Coulmiers, mais que je ne compte pas, s'est battue en tout ou partie, le 1ᵉʳ, le 2 et le 3 décembre, à Patay, le 7, le 8, le 9 et le 10 à Beaugency, le 14 à Fréteval, le 15 à Vendôme, le 27 à Montoire, en même temps à Pougouin et à la Loupe, le 31 en face de Vendôme et à Courtalain, le 1ᵉʳ janvier à Longpré et à Saint-Amand, le 2 à Lavardin, le 6, le 7 et le 8 à Villeporcher, Villechauve et Saint-Cyr-du-Gault, le 6 à la Fourche, le 7 au Gibet, le 8 à Épuisay, le 9 à Conneré, les 3 jours suivants sous les murs du Mans, deux encore au passage de la Sarthe, et enfin le 15 à Sillé-le-Guillaume. Deux fois les troupes avaient fait des marches de 60 kilomètres et pendant la nuit ; enfin à Patay, à Josnes et au Mans, l'action avait été générale, et chaque fois elle avait duré plusieurs jours.

7. — Ce serait magnifique pour tout autre peuple, mais malheureusement en France nous ne pouvons faire un pas, sans nous heurter contre des antécédents, et ces antécédents nous écrasent. En 1797 le Directoire, donna à l'armée de celui qui aurait dû toujours rester Bonaparte, un drapeau sur lequel il avait fait écrire ces mots : « Elle a fait 15000 prisonniers, pris 170 drapeaux, 550 pièces d'artillerie, 600 pièces de campagne, 5 équipages de ponts, 9 vaisseaux, 12 frégates, 12 corvettes, 18 galères; donné la liberté aux peuples du nord de l'Italie, de Corcyre, de la mer Égée et d'Ithaque, envoyé à Paris les chefs-d'œuvre de Michel-

Ange, du Guerchin, du Titien, de Paul Véronèse, du Corrège, de l'Albane, des Carrache, de Raphaël, etc., triomphé en 18 batailles rangées, Montenotte, Millesimo, Mondovi, Lodi, Borghetto, Lonato, Castiglione, Roveredo, Bassano, Saint-Georges, Fontana-niva, Caldiero, Arcole, Rivoli, La Favorite, Le Tagliamento, Tarvis, Newmark, et livré 67 combats. » Cette armée, contenait la division Masséna qui se battit le 13 janvier 1796, devant Vérone, marcha toute la nuit au secours de Joubert, se battit toute la journée du 14 à Rivoli, marcha toute la nuit, la journée du 15, pour se battre encore devant Mantoue. Les soldats Romains si vantés n'avaient jamais rien fait de pareil.

Et pourtant l'armée des Alpes n'était pas dans une situation meilleure que celle de Chanzy, témoin la proclamation que lui adressa Bonaparte, quand il fut mis à la tête, proclamation, qui bien considérée est celle d'un chef de pillards, qui fait appel aux mauvaises passions de ses satellites. « Soldats, dit-il, vous êtes mal nourris et presque nus ; le gouvernement vous doit beaucoup, mais ne peut rien pour vous, votre patience, votre courage vous honorent, mais ne vous procurent ni gloire, ni avantages. Je vais vous conduire dans les plus fertiles plaines du monde, vous y trouverez de grandes villes, de riches provinces, vous y trouverez honneur, gloire, richesses. Soldats d'Italie manqueriez vous de courage ? »

Mais pourquoi m'entraîner vers ces scènes passées,
Laissons le vent gémir et le flot murmurer,

Revenez, revenez, ô mes tristes pensées,
Je veux rêver et non pleurer.

Ce n'est pas rêver, que je veux, c'est écrire, et ce n'est qu'après avoir écrit, que je dirai quel est selon moi la cause de nos échecs, à qui ou à quoi elle est imputable, et s'il y a moyen de les réparer.

8. — Enfin, je me propose un autre but. Pendant le cours de la guerre, la presse allemande a été constamment injurieuse et de mauvaise foi à notre égard. Il faut avouer que dans les autres pays d'Europe, nous n'étions pas mieux jugés. Mais aujourd'hui que la lutte est finie, que les ennemis ont atteint le but inespéré, ils continuent ce système. Les brochures qui paraissent de l'autre côté du Rhin, sur la campagne de France, pratiquent toujours le vieux mot de Brennus : *Vœ victis*. En Suisse même, chez ce peuple hospitalier, libre et sincère, un colonel s'est rencontré, dont la plume pleine de mérite, m'a l'air d'être aux coches de M. de Bismark. En lisant les pages, où l'issue des combats de Toury et de Coulmiers était retournée, le sang m'avait bien monté au visage, mais j'avais pu croire que l'historien célèbre de Sadowa s'était trop laissé influencer par les rapports prussiens. Lorsque le livre s'est ouvert, à l'épisode de Châteaudun et à la conclusion, il m'a été impossible d'y tenir. En face de ces inexactitudes et de ces sophismes, c'était le devoir de tout français de prendre une plume, comme un homme d'honneur outragé prend l'épée. Signaler ces pages ici, c'est suffisant

pour que le public les juge et que l'avenir les voile.

« Le 18 octobre (1), la 22ᵉ division prussienne, détachée du corps Von der Tann, attaqua *un corps français de 4000 hommes* environ, qui s'était retranché à Châteaudun ; *la ville dut être incendiée* pour la faire abandonner par les troupes françaises qui se défendirent très-bien ; le combat dura presque toute la journée, et ce n'est que le 19, à trois heures du matin, que les Allemands y entrèrent. La ville entière était détruite, *car une tempête qui régnait ce jour là avait propagé le feu avec une rapidité effrayante.* A peine pût-on trouver quelques maisons pour loger l'état-major des troupes. *Les Français avaient encore abandonné leurs blessés* et beaucoup de ces malheureux qui s'étaient cachés dans les maisons, périrent par le feu. »

Le colonel Leconte parle de 4000 hommes, mais il n'y avait que les francs-tireurs Lipowski. Il dit que Châteaudun dut être incendié ; quelle obligation devant une ville ouverte ? C'est une fausseté qu'une tempête ait propagé le feu. Le seul bouleversement qu'on signala le 18 octobre, fut dans le sens moral des Prussiens. Quant à l'accusation d'abandonner nos morts, elle est curieuse, faite à un peuple qui toute cette guerre a été victime de son humanité.

Voilà ma seconde citation : « Quant aux menaces qu'on lance maintenant contre les Allemands, elles sont puériles. On dit de nouveau que le seul nom de Prus-

(1) Page 130.

sien sera une injure sanglante, mais on oublie que l'on disait la même chose avant la guerre actuelle, et si nous pouvions parcourir les journaux de 1814 et 1815, nous sommes persuadés que les menaces de vengeance s'y trouvaient aussi bien qu'aujourd'hui. Nous espérons pour l'honneur et le bien-être de la France, que ces menaces ne seront pas mises à exécution, et qu'elle comprendra mieux dans quelque temps ses intérêts. La France a été conquérante, mais aujourd'hui qu'elle a voulu continuer ses conquêtes, et renouveler, contre l'Allemagne, une guerre au dernier point injuste, on lui reprend une partie de ses conquêtes, ce n'est que justice. »

Je ne suis pas de ceux qui flattent la France, ou qui cachent ses défauts, la conclusion fera voir ce qu'affirme cette ligne. Mais il m'a semblé entendre justifier une fois de plus cette pensée d'un poète qui avait commencé par être capitaine, et qui a même écrit un livre sur la grandeur et la décadence de la servitude militaire. « *Il y a tant de gens qui se sentent soulagés, en déclarant qu'un malheureux n'était qu'un coupable.* »

9. — J'ai fait ce livre avec ce que j'ai lu, ce que j'ai vu, ce que j'ai entendu, ce que j'ai pensé. Quant à ce que j'ai lu, il faut avouer que les dépêches officielles sont un labyrinthe, dont il est difficile de trouver le fil d'Ariane, et le public sait comme moi, ce que de tout temps ont valu les déclarations des témoins oculaires. Sur cent individus qui reviennent d'un champ de bataille, il y a cent récits différents. La

croyance que l'on peut ajouter aux circulaires des ministres de la guerre est aussi jugée. Le Bœuf avait dit : « Quand la guerre durerait dix ans, nous n'aurions pas un bouton de guêtre de plus à confectionner. » Palikao a inventé les carrières de Jaumont, et chaque jour il avait dans son portefeuille, en arrivant à la Chambre, des nouvelles à faire illuminer tout Paris. Gambetta a annoncé une sortie de Paris qui n'avait jamais eu lieu, pris Brie-Comte-Robert pour Bry-sur-Marne. Le Flô, pendant l'insurrection de Paris, annoncait la prise des forts ou d'une position, trois jours avant qu'elle fut attaquée.

Et quelle en est la cause ? Craint-on de décourager le public, en lui apprenant l'étendue de son malheur ? Non, c'est que dans l'armée la fanfaronnade a toujours été de mise, dans les rapports d'inférieurs à supérieurs. Un capitaine n'a jamais su dire la vérité à son colonel ; pour lui des hommes n'ont jamais de fatigue, jamais de mauvaises dispositions, on peut toujours compter sur eux ; il appréhenderait d'être mis en suspicion, s'il montrait ses craintes légitimes. C'est ainsi qu'au 18 mars, Thiers a compté sur Vinoy, Vinoy sur ses divisionnaires, et ainsi de suite ; comme conséquences, nous avons eu l'insurrection la plus terrible des temps modernes, grossie par la défection de l'armée.

10. — Qui croira aussi à quel point nos fonctionnaires civils ont menti ? L'impartial avenir pourra-t-il s'empêcher de rire, en voyant ce qu'ils ont débité au peuple français, cette nation sceptique et moqueuse

entre toutes. Ainsi, à la date du 28 octobre, je trouve une dépêche du sous-préfet de Montargis, conçue en ces termes : « Suivant une personne digne de foi, les recrues que reçoit en ce moment l'armée prussienne, se composeraient principalement d'enfants de quinze à dix-sept ans, et de vieillards de soixante qui viennent en France escortés de plusieurs femmes. » Voilà un échantillon des documents officiels, dont les plus beaux sont sortis de la plume du sous-préfet de Neufchâteau. C'est le sous-préfet de Neufchâteau qui avait vu trois cercueils, recouverts de drap d'or, entourés d'Allemands en pleurs ; il a coupé à Metz les jambes de Frédéric-Charles ; tué Moltke sous Paris. Toute cette campagne on a eu des clichés qui voyaient tout en beau : des retraites en bon ordre, des pertes considérables de l'ennemi terminaient toutes les proclamations. On a tué en paroles plus de Prussiens qu'il n'y a d'Allemands en Allemagne, et à en croire le gouvernement, dès le début de la guerre, la patrie de nos ennemis était épuisée par ses levées d'hommes. Cependant il en arrivait toujours, et vainqueurs sans cesse, sauf dans les premières affaires, il n'est pas croyable qu'ils aient perdu plus de monde que les vaincus.

J'espère être cru, quand j'affirme la fausseté de nos dépêches, ayant été témoin moi-même de combats, qu'à ma rentrée dans mes foyers, la renommée avait singulièrement travestis à l'aide de la trompette officielle. A la seule chaude affaire où mon bataillon donna, nous perdîmes cinquante hommes, et les

Prussiens presque autant, cependant, quelques temps après, notre aumônier ayant été chercher le cadavre de notre chirurgien, atteint malheureusement en pleine poitrine d'une balle française, dans la maison où il venait de terminer ses pansements, et dont l'abord était le dernier lieu de notre résistance, les paysans racontaient que le soir de l'affaire, l'ennemi avait réquisitionné toutes les charrettes des communes voisines avec leurs conducteurs, et que les yeux bandés et le dos tourné, ils les avaient employés toute la nuit à conduire des charrettes de cadavres, dont le poids faisait plier leurs essieux. C'est ainsi que se transmettent des légendes falsifiées, et qu'au bout des siècles, la vérité est impossible à démêler, sous l'orgueil national et le goût des peuples pour le merveilleux.

11. — Je ne puis terminer cette préface, sans dire quelques mots de la manière d'écrire l'histoire, non que j'aie la prétention de présenter mon œuvre comme un modèle de composition et de style, mais pour en donner au contraire la clef, et la rattacher aux grandes lignes suivies jusqu'à ce jour.

Depuis que le monde est monde, deux écoles se sont partagées l'histoire. L'une sous les empires détruits, cherche l'homme ; elle le reconstitue avec ses passions, son costume, ses monuments, ses luttes, sa littérature. La couleur du ciel où il a vécu, la mer qui a baigné ses rivages, le milieu de son climat, les productions de la terre, rien n'est négligé. Un drame ému et intéressant commence, se dénoue, recommence et se dénoue encore dans un cadre coloré. Simples, clairs et toujours jeunes sont ces historiens dont les récits ravivent le souvenir si doux et peu éloigné de nos mères, qui nous racontaient des nouvelles, lorsque nous étions bien sages dans notre enfance. Cette école fille du sentiment et qui a reçu le nom de descriptive ou de narrative, a pour représentants les plus élevés, en Grèce Hérodote, à Rome Tite-Live, en Italie Guichardin, Muller en Allemagne, chez nous les chroniqueurs et les faiseurs de Mémoires, les émules de Froissard et de Saint-Simon, puis en ce siècle Barante, Augustin Thierry, Thiers, Lamartine et Henri Martin.

12. — L'autre école se meut dans les régions plus hautes de l'idée. Le fait pour elle n'a d'importance que par le principe qu'il laisse apercevoir en s'ajoutant aux faits précédents. L'individu peut naître ou mourir, heureusement ou d'une façon pitoyable, les nations monter ou descendre, qu'importe, puisque la vérité est éternelle, et que la justice la suit. Si elle est moins attrayante, cette forme historique est plus utile, car c'est elle qui est véritablement la leçon du passé au présent, c'est elle qui apprendra à tel peuple que dans tel milieu, et en présence de telle cause, il arrivera tel résultat, car son prédécesseur sur le patron duquel il est taillé, a passé par les mêmes vicissitudes. Exacte, brève, impassible, l'histoire ainsi comprise semble la parole du destin, auquel les dieux eux-mêmes sont soumis. C'est ainsi qu'elle a traversé le monde dans les livres de Thucydide, Tacite, Vico,

Herder, Bossuet, Montesquieu, Boulainvilliers, Mably, Guizot, Mignet et Louis Blanc.

C'est la forme obligée des races futures, car un jour viendra où la vie d'un homme ne pourra suffire à apprendre tout ce qu'ont fait ses aïeux, comme déjà elle est impuissante à récapituler ce qu'ils ont confié de pensées aux in-folios de nos bibliothèques. Or qu'importera-t-il à nos neveux de savoir alors? Non pas évidemment la longueur de la main d'Artaxercès, la qualité du vinaigre avec lequel Annibal fit dissoudre les roches Alpestres, ou la couleur du cheval d'Henri IV; mais le dernier mot littéraire, artistique, commercial et militaire des Grecs, des Romains et des Français. Quand le vase est brisé, n'est-ce pas un soin inutile de chercher à en recueillir les fragments, tandis que la liqueur se répand et se perd? C'est une goutte de cette liqueur précieuse qu'il importe de sauver. Puisse-t-elle, en se posant sur les lèvres des jeunes générations, précipiter leur croissance, et faire leur adolescence égale à notre maturité, pour que celle-ci lègue à son tour une goutte plus précieuse à l'âge suivant?

13. — Or, de ces deux écoles, à laquelle devais-je me rattacher? Était-ce à cette dernière, cette école idéale? Je n'en avais ni l'objet, ni le sujet. Ce n'est pas aux contemporains auxquels il bat toujours dans la poitrine, si minime qu'il soit, un morceau de chair, et qui ont été plus ou moins mêlés aux événements, de trouver l'impartialité nécessaire pour les apprécier. Ils en sont trop près; le soleil qui les éclaire, leur blute trop la vue, pour qu'ils en puissent exprimer

l'enseignement qui en découle. A quoi d'ailleurs servirait cet enseignement? Leurs livres destinés aux contemporains eux-mêmes ne seraient qu'une récrimination stérile, la leçon du présent au présent lui-même.

Donc, dans ma pensée, l'histoire narrative, l'histoire descriptive, est la seule forme possible pour les écrivains de la campagne 1870-1871. En l'employant, ils pourront permettre aux écrivains de l'avenir d'y voir clair; ils pourront leur apporter les éléments d'un jugement certain et utile, le critérium d'une règle philosophique, mais il leur est défendu de se lancer dans cette voie. La seule chose de ce genre qui soit laissée à notre liberté et à notre initiative, c'est la recherche des causes immédiates et le moyen de les terminer, joints à la préparation de la tâche des littérateurs futurs. Je veux être le médecin, qui, voyant le mal de son client, dit : « où vous l'êtes-vous fait, voilà ce qu'il faut pour vous guérir.» Mais je n'ai nullement la prétention de ressembler au savant professeur de médecine, qui, de l'organisme humain et de son milieu, déduit les règles de douleur et de décomposition nécessaire. Je m'explique. Au lieu de retracer les grandes lois de la philosophie, de l'histoire, et de produire à l'appui tel ou tel fait contemporain, l'auteur a la faculté d'indiquer des précédents et les suites de ces faits, en même temps qu'il peut dire à l'avenir, je crois que ceci se rattache à tel ou tel principe.

C'est à quoi je n'ai pas manqué dans un chapitre à part, le dernier; mais j'avoue que ce mode ne peut avoir jamais qu'une valeur relative. La postérité dé-

terminera cette valeur; en même temps qu'elle com-
parera la partie descriptive aux autres écrits sur la
matière, et qu'elle fixera le rang et le mérite de
chacun d'eux.

LIVRE II

—

TOURY

Les délégués en province. — Plans et forces des armées françaises et prussiennes au début de l'invasion. — Le procès de Harth. — Marche de l'ennemi sur Orléans. — Deux reconnaissances du général Polhès. — Panique de la ville de Jeanne d'Arc. — Progrès des Prussiens dans la direction de Chartres. — L'ostracisme. — L'amiral Fourrichon. — Réquisitions prussiennes. — Crémieux, ministre de la guerre. — Combat de Toury, ses conséquences. — Affaire d'Ablis. — Vengeance des Allemands. — Des secours de toute sorte arrivent au gouvernement de la défense nationale de Tours. — Parallèle de Charette et de Garibaldi. — Leurs arrières-pensées.

1. — L'investissement de Paris fut complet le 18 septembre, et le dernier train qui partit de la capitale prit la direction du Mans. Débloquer Metz et diriger sur Paris l'armée de Bazaine, ou faire une lutte de guérillas, tels étaient les deux seuls plans qui pouvaient être poursuivis par la délégation de la défense nationale envoyée à Tours. Mais soit que ces vieillards, qui

avaient été justement choisis à cause de leur grand âge, auquel il était difficile de faire supporter les horreurs d'un siége, n'eussent pas pu réunir à temps des forces suffisantes, soit que les généraux qui les entouraient n'entendissent rien à leur métier, un moyen terme fut pris, et Paris devint leur objectif.

Les Prussiens, qui n'avaient ni Fourrichon, cet amiral qui envoyait une flotte de débarquement dans la mer du Nord, sans prévoir qu'une chaloupe même trouverait sur ces rivages à peine son tirant d'eau nécessaire; ni un Glais-Bizoin, fruit sec de nos assemblées législatives; ni Crémieux, naguère orateur et légiste de valeur, aujourd'hui influencé par les ans, et prompt à passer de l'affaissement à la colère; mais bien des Moltke, des Frédéric-Charles et des Bismark, c'est-à-dire le plus fin politique, le plus grand capitaine et le meilleur organisateur d'armées, ne s'étaient pas aventurés.en France sans plans préconçus.

2. — Au début de la république, et se fiant sur la non-valeur des soldats de Paris, ils ne firent dans le département de la Seine qu'un blocus fictif. Campés sur toutes les positions importantes qui avoisinent la capitale, ils se reliaient par des reconnaissances de cavalerie; d'autres escadrons les ravitaillaient dans le département de Seine-et-Oise, et les mettaient sur leurs gardes des forces venues de l'intérieur de la France; ils pouvaient donc les battre en faisant une volte-face peu dangereuse. Après les combats de Toury et d'Ablis, l'état-major allemand imagina de faire une seconde ligne de défense, passant par Orléans

et Chartres. Elargissant le cercle, Frédéric-Charles, libre de ses allures depuis la capitulation de Bazaine, occupa Tours et le Mans, ce qui offrait ainsi 60 lieues de pays à traverser, à toute armée de secours ou de sortie. Pendant ce temps, une autre armée ennemie s'emparait peu à peu de nos places fortes, non dans le plaisir de les prendre, mais dans le seul but d'être maître des lignes de chemin de fer qui leur permissent d'amener promptement de Prusse, leurs hommes, leur matériel, leurs munitions et leurs vivres, si les réquisitions ne suffisaient pas.

Les premières étapes de l'invasion en province rencontrèrent peu d'obstacles; les combats heureux, livrés par les nôtres, à Montlhéry, à Lonjumeau, à Lieusaint et à Athis-Mons où nous aurions pris des canons et mis en déroute une partie de l'armée du prince royal, sont reconnus aujourd'hui comme des bruits sans fondements, et ils se réduisent à quelques escarmouches de francs-tireurs, surtout des éclaireurs Mocquart, dans le département de Seine-et-Oise, et de quelques bandes de paysans. En réalité, les Prussiens qui chevauchaient ainsi aux environs de Paris étaient en petit nombre. Ce fut d'abord la division de cavalerie du prince Albrecht, avec une faible colonne d'infanterie et quelques canons. Quant à nous, nous avions à Orléans un petit corps d'armée, sous le commandement du général de Polhès, dont le plus fort noyau était la brigade de cavalerie du général Reyau, que Trochu avait eu le temps de faire sortir de Paris.

2*

3. — Le point stratégique qui allait devenir l'objectif des efforts de l'invasion, c'était Orléans, ville riche, commerçante, la clef de la Beauce, position d'une importance presque sans égale, dominant la Loire au point culminant de son cours, et assise sur trois chemins de fer. Dès le commencement de la campagne, et avant leurs succès, les Prussiens avaient fait explorer cette contrée avec un soin minutieux. En effet, le 22 août 1870, le deuxième conseil de guerre de Paris était appelé à se prononcer sur un lieutenant au 64ᵉ régiment du 3ᵉ corps de l'armée prussienne. Charles Harth, né à Berlin en 1842, avait quitté Benzlow, où il était en garnison, pour venir en France entretenir des relations avec les Allemands, les aider à entrer dans notre pays, et favoriser le progrès de leurs armes. C'était un jeune homme de forme élégante. Il avait été arrêté le 8 à Gien, dans un café où il prenait des notes sur un calepin, qu'il fermait chaque fois que quelqu'un s'approchait de lui. Dans l'interrogatoire, il déclara qu'il se rendait à Genève chercher une position. La vérité est qu'il fut trouvé possesseur d'une somme de dix centimes, et qu'il n'avait pu faute d'argent passer la nuit précédente dans une auberge. En outre, une lettre qu'il envoyait à sa sœur, et dont la copie fut saisie sur lui, annonçait le dégoût de la vie. Malheureusement pour Harth, le chemin qu'il avait suivi en quittant la Prusse (Londres, Bordeaux, Orléans, la vallée de la Loire, Bourges), donnait peu de corps à cette version. D'autres espions venaient d'être trouvés en Cham-

pagne et même en Normandie ; il fut condamné à mort, et fusillé.

Trois routes principales conduisent à Orléans de l'est et du nord de la France : l'une partant de Troyes, passe par Sens et Montargis, la seconde part de Fontainebleau ou plutôt de la jonction du canal du Loing et de la Seine, qui à Montereau a reçu l'Yonne, passe par Malesherbes et Pithiviers ; la troisième, la plus importante, vient de Paris, traverse Etampes, Toury et Arthenay. Les ingénieurs du chemin de fer d'Orléans l'ont suivie dans le tracé et l'exécution de leur ligne, il y a vingt-cinq ans. Quoique ces trois routes se trouvèrent bientôt également menacées, il est évident qu'à la fin de septembre c'est par la seconde que débouchaient les Prussiens.

4. — L'anniversaire de la proclamation de la première République, à dix heures du matin, Melun était occupé par des forces considérables, cavalerie, infanterie, artillerie, évaluées à quinze mille hommes, et dont les trois quarts prenaient immédiatement la direction de Fontainebleau. Ils imposèrent à la ville une contribution de 150000 francs, et détachèrent quatre régiments de cavalerie sur la route de Nemours et de Montargis. A Bourron, mille Prussiens, forçaient les habitants à réparer les routes coupées et barricadées ; deux mille entraient à Malesherbes, autant à Pithiviers, et le bruit de l'occupation d'Orléans prenait une telle consistance à Tours, qu'on ne parla rien moins que de faire reprendre à la délégation le cours de ses pérégrinations, et de se transporter dans

quelque grande ville du Midi. Cependant les forces ennemies qui pouvaient menacer la capitale provisoire, ne dépassaient pas le chiffre de vingt à vingt-cinq mille hommes, et le comité de défense du Loir-et-Cher avait pris des mesures pour couper les routes, placer des vedettes et signaler partout l'approche des Prussiens.

Mais la panique se calme, et la circulaire de Jules Favre qui arrive de Ferrières, forcé de faire contre mauvaise fortune bon cœur, semble donner pour un instant du courage aux plus inertes. « Ni un pouce de notre territoire, ni une pierre de nos forteresses, » certes, c'était un langage digne d'une République, et si nous l'avions tenu jusqu'à la mort, la cause de nos revers était lavée dans l'avenir. Pourquoi le destin a-t-il voulu que des plus belles paroles il ne sortît que du vent, et que le même homme signât l'armistice du 28 janvier ? Qu'il en a été prononcé, en France, de ces mots à effet depuis quelques années ! Napoléon III devait délivrer l'Italie, des Alpes jusqu'à l'Adriatique ; Emile Ollivier, être le spectre du 2 décembre ; Ducrot, ne rentrer que mort ou victorieux ; Trochu, gouverneur de Paris, ne jamais capituler. L'événement s'est évertué à leur donner à tous un sanglant démenti, et du même coup il a rendu ridicule ce qui eût pu faire pendant au « Viens les prendre » de Léonidas, suivi de son trépas aux Thermopyles. La jactance et l'amour de la phraséologie, ont de tout temps été chères aux races latines, témoin les Castillans, qui n'ont même que ce dernier reste de leur grandeur passée, et les Grecs qui se croient encore le premier peuple du monde ; mais chez nous on avait pu jusqu'ici espérer, que ces travers de capitans et de matamores, étaient ensevelis avec les Cyrano de Bergerac et les Scudéri.

5. — Quoiqu'il en soit, le général français dont le quartier était à Orléans, fit partir une reconnaissance, composée d'un escadron du 6ᵐᵉ hussards. Elle traversa Pithiviers, mais à 6 kilomètres au-delà, fut obligée de battre en retraite dans la direction de Chilleurs jusqu'à la tombée de la nuit. Impossible d'avancer au-delà, et même elle fut poursuivie légerement par 6 escadrons de hussards, dragons et cuirassiers. Deux pelotons de dragons, qui formaient l'avant-garde de cette colonne de cavalerie fort nombreuse dans ces parages, nous tuèrent ou prirent un sous-lieutenant, un sous-officier et deux soldats. Mais grâce aux secours de deux compagnies de francs-tireurs, l'engagement se termina mieux qu'il n'avait débuté, et après avoir tué un dragon et un cuirassier, on put même faire trois prisonniers.

Sur la route de Chartres, nous n'étions pas plus heureux. Aux environs de Bazoches, deux mille cavaliers ennemis de différentes armes, et six pièces d'artillerie avaient attaqué trois compagnies d'infanterie, établies dans le village; deux escadrons de dragons, arrivés pour les dégager, furent obligés de se retirer avec l'infanterie sur Artenay, en faisant le coup de feu jusqu'à onze heures. Averti dans l'après-midi, le colonel Tilion envoya un renfort de 420 hommes du

6me hussards, un nouvel escadron de dragons avec deux pièces d'artillerie et se mettant à la tête de la colonne qui fit volte-face jusqu'à 1200 mètres en avant, il força surtout par les projectiles de ses pièces mises en batterie, l'ennemi à renoncer à sa poursuite, qui était des plus pressantes.

6. — A la suite de ces deux insuccès, nouvelle panique à Tours à cause d'Orléans. Suivant une dépêche, l'ennemi y était entré avec dix mille hommes, suivant une autre, il s'était borné à entourer la ville. Il faut dire que cette nouvelle version était plus dans les habitudes prussiennes. Sauf Châteaudun et quelques autres, l'ennemi n'a attaqué aucune ville de vive force; il a eu raison pour lui, car celles que par exception il a prises ainsi, lui ont coûté dix hommes pour un, et peut-être que s'il eût employé ce système, le vieux sang français se fut réveillé. En effet, il s'est produit dans cette guerre, ce qui s'était passé à Crécy, Poitiers et Azincourt, quand la poudre à canon eut été inventée, à Pavie, quand la chevalerie voulut s'exposer outre mesure en face de l'infanterie espagnole, à Rosbach, quand on renouvela devant la tactique du Grand Frédéric, les fanfaronnades de Fontenoy. La furia qui est notre caractère national, la cause de nos succès dans les luttes corps à corps, l'épée autrefois, ou la baïonnette aujourd'hui, furent inutiles, et la science vainquit le courage individuel, qui se trouva dépaysé. Les Prussiens n'ont pris une ville, Paris et Metz en sont la preuve, qu'après avoir conquis pied à pied le terrain qui les entouraient. Y avait-il des

militaires, alors ils prolongeaient leur investissement, éloignaient la garnison en sortie, par des travaux d'art, et attendaient l'aide de la faim. N'y avait-il que des civils, ce n'est qu'après avoir sondé les rues à coups d'obus, et n'avoir pas reçu de réponse, qu'ils s'y aventuraient.

Voilà comment la France fut envahie cité par cité, au lieu de forcer les Prussiens à faire cette lutte à la baïonnette ou au fusil qu'ils n'aimaient pas, et qui nous aurait donné le dessus, comme les Espagnols l'ont eu contre Napoléon. On a beau dire, un million de soldats ne battent pas quarante millions d'hommes quand ces quarante millions ont tous des armes, et la République en avait mis à leur disposition. Seulement après les avoir demandées avec de grands cris, ils se sont empressés de les casser ou de les jeter aux pieds des Prussiens. Je suppose que Guillaume, ému de ses pertes, eût absolument continué la guerre d'affamement et d'investissement; que de soldats, que de régiments, que de corps, que d'armées, ne lui eût-il pas fallu pour bloquer toutes nos communes. Il y a quarante mille communes en France, et il avait à peine vingt soldats pour chaque.

7. — Orléans n'était pas encore pris, cependant nos généraux avaient cru devoir se retirer, laissant à la merci des envahisseurs une ville pleine de richesses et d'approvisionnements de toutes sortes, une ville qui possédait plusieurs milliers de gardes nationaux, et où l'on pouvait concentrer en quelques heures cinq ou six mille soldats, peut-être le double de gardes

mobiles, sans compter plusieurs centaines de francs-tireurs, dont Tours regorgeait en ce moment. Or, c'était à la ville d'Orléans moins qu'à toute autre, de suivre les honteux exemples de Nancy et de Châlons. Quand on a l'honneur d'avoir été délivré par Jeanne d'Arc, noblesse oblige, et quand on a juré d'imiter Carthage, où les femmes donnaient leurs cheveux pour servir de cables aux cabestans, et boucher les barrages en guise d'étoupes, on tient sa parole, coûte que coûte. Mais n'insistons pas trop, car cette malheureuse cité, par ses occupations successives, a bien expié ses erreurs, et ce n'était peut-être que des pressentiments.

Au surplus, l'autorité militaire était la plus coupable, et ceci résulte bien de l'altercation qui s'éleva entre le général Polhès et le Préfet du Loiret, M. Peirera. Je ne vais pas cependant jusqu'à me ranger à l'opinion du journal *le Loiret* : « Cette nuit Orléans, publiait-il, s'est trouvée dépeuplée de ses soldats. A la nouvelle, fausse sans doute, que seize escadrons ennemis chevauchaient derrière la forêt, on a tenu un conseil de guerre ; on a jugé toute résistance impossible, et suivant le mot trouvé, dans je ne sais quel sentiment de pudeur habile, on s'est replié. La vérité est, que d'après des renseignements, arrivés vers midi, six cents ou sept cents Prussiens seulement, parcourent les environs d'Artenay. Voilà la redoutable armée dont on a voulu, par prudence, éviter le choc formidable, encore est-il presque sûr que ces batteurs d'estrade sont impuissants et désorientés.

Hier, après le combat de la Croix-Briquet, on n'a pas trouvé une seule cartouche sur les morts, les blessés et les prisonniers que l'on a fouillés.»

La division de cavalerie du prince Albrecht rebroussa chemin. Son but avait été probablement de reconnaître les forces que nous avions dans ces régions; ce qui le prouve, c'est qu'elle détacha auparavant quelques escadrons dans la direction de Châteaudun. En effet, les dépêches officielles constatent la présence des ennemis à Marchenoir; trois de leurs cavaliers coupèrent des poteaux, entre Meung et Beaugency; dix-huit autres parcoururent Bacon et ses environs. Des francs-tireurs à cette nouvelle étant partis de Châteaudun, rencontrèrent à Patay un détachement de ces hulans, auxquels ils blessèrent trois hommes et en tuèrent un.

Le général Polhès perdit son commandement qui passa au général de La Motterouge, l'adversaire d'un des triumvirs de Tours dans toutes les élections des Côtes-du-Nord, et le commandant des gardes nationales de la Seine, au 4 septembre.

8. — Les tâtonnements des éclaireurs prussiens dans le voisinage d'Orléans, ne faisaient pas perdre de vue aux chefs la seconde partie de leur plan, la marche sur Chartres. Elle se dessina bientôt aussi nettement que la première, et le système fut identique. Les trois routes qui conduisent de l'est à cette ville, l'une par Versailles et Rambouillet, l'autre par Palaiseau, Limours et Ablis, la dernière par Artenay et Janville, furent explorées. Mais les hulans ne pa-

raissent pas avoir pu emporter loin, pour la plupart, le résultat de leurs découvertes. Si sur la deuxième ils purent s'avancer jusqu'à Champsan, au nombre de soixante, et sur le bord de la troisième, probablement en remontant des plaines de l'Orléanais, occuper Voves et Rouvray; chaque pas sur la première est teint de leur sang.

Leur avant-garde était entrée à Rambouillet, le 21 septembre. Près d'Epernon, le 2 octobre, à cinq heures et demie du soir, quarante étant en vedette sur la butte de Marmoutiers et à Saint-Hilarion, sur les limites du département d'Eure-et-Loir, eurent bien le temps de tourner bride, avant que les gardes nationaux et les mobiles, leurs coupassent la retraite; mais une autre fois, non loin de là, à Saint-Léger, des volontaires en rencontrèrent quatorze qui revenaient de Rambouillet, et en tuèrent deux, qui furent enterrés aussitôt, les blessés étaient plus nombreux; quatorze autres ne furent pas mieux accueillis en revenant du Château de la Boissière. Enfin, les éclaireurs réussirent à atteindre Gallardon et même Levès près de Chartres; mais là, nouvelle réception à coups de fusil, qui toucha fortement l'un d'entre eux. La présence de quelques-uns à Houdan, sur la route de Dreux, prouve que l'état-major allemand cherchait un moyen moins périlleux de descendre sur la capitale de la Beauce.

9. — Une nouvelle plus grave que celle de la prise d'Orléans, mais malheureusement aussi plus vraie, parcourait en ce moment la France. De même que

certains airs ont toujours le même refrain, qui vous revient méthodiquement à l'oreille impatientée et nerveuse, de même, pendant cette campagne, les mois étaient séparés par des désastres incommensurables, Wœrth au commencement d'août, Sédan avec septembre, Strasbourg avec octobre, Metz avec novembre, Orléans avec décembre, le Mans en janvier, Paris le mois suivant. Donc, après une vigoureuse résistance, en face de forces supérieures et d'un bombardement autrement sérieux que celui de Paris, Strasbourg avait capitulé. Plus tard les partisans de la guerre à outrance voulurent atténuer les mérites de la garnison et de ses chefs ; l'accusation trouva prise sur Ulrich, Excelmans, Barral, pour lesquels auparavant on n'aurait pas eu assez de statues. Le préfet Valentin, qui avait traversé la rivière à la nage sous les balles ennemies, pour se rendre à son poste, fut seul excepté. Faut-il blâmer, faut-il approuver, ce penchant des démocraties,

> Nil actum reputans si quid superesset agendum ?

je crois que ce qui est mauvais pour les individus, profite souvent au bien public, et que Paris a progressé sur Athènes sa sœur aînée, puisque son ostracisme n'a rien de matériel. L'opinion remplace l'exil. On ne bannit plus Thémistocle, parce que la puissance qu'il s'est noblement acquise peut faire ombrage à l'état, et que pareil aux rois, les Républiques n'aiment pas les serviteurs embarrassants, dont elles sont en réalité les obligées. On met à nu ses ridicules, et ses infirmités passent à la loupe de l'écrivain ; on déshabille son corps et son cœur, et le voilà coulé, sans être contraint d'aller demander asile à quelque roi de Perse ou boire du sang de taureau.

10. — Notre ministre de la guerre n'était cependant pas sans prendre des mesures ; mais de ces mesures de détail, toutes n'eurent pas un heureux effet. C'est à lui que l'on doit le fameux décret de la constitution des cours martiales. Cette abréviation de la procédure suivie dans les conseils de guerre, et cette possibilité de réprimer l'indiscipline et la lâcheté, dans les plus petits détachements, paraissait une arme aussi efficace que terrible. Comme toutes les peines trop fortes, elle n'atteignit pas le but désiré. L'arbitraire s'en mêla, non celui qui résulte du favoritisme, mais de la négligence ; et telle faute fut relevée et punie de mort, qui eût été acquittée en temps de paix, lorsqu'à côté un crime, pour lequel le jury le plus indulgent n'eût pas hésité à prononcer la peine capitale, n'était seulement pas l'objet de deux jours de garde du camp, parce que le sergent-major avait oublié d'en faire mention sur son rapport. L'ordre, le courage, l'obéissance ne furent pas plus grands, et le gouvernement fut quitte pour avoir ajouté une barbarie à toutes celles dont la guerre s'est rendue coupable.

L'amiral Fourrichon s'occupa aussi de rallier les débris de Sedan, ce nombre considérable de braves ou de fuyards, qui étaient parvenus avec des brassards de l'ambulance, à déjouer l'ennemi, et à rentrer dans les villes du centre où la nourriture et la paie du gouvernement ne les empêchaient pas d'implorer de porte en porte la pitié des habitants. Le seul reste de notre armée régulière était six régiments d'infanterie rappelés en toute hâte de Rome, où notre révolution avait eu son contre-coup, et d'Afrique où notre domination allait se trouver compromise. Le ministre de la guerre créa quatre nouveaux cadres de compagnies dans chaque dépôt de régiment d'infanterie de ligne, et deux dans chaque dépôt de bataillon de chasseurs à pied. Un second régiment étranger fut institué et le cadre du premier augmenté. De nouveaux régiments et bataillons de marche furent organisés. Pour décharger l'administration centrale, on donna aux généraux de division la nomination des officiers inférieurs; enfin, la classe 1870 fut mise en route du 8 au 14 octobre.

Mais tout cela n'arrêtait pas les dévastations de l'ennemi, et les souffrances des populations de l'Orléanais situées à l'est du chemin de fer de Paris à Bordeaux étaient énormes. Des réquisitions en fourrages et en bestiaux avaient été faites à Chilleurs. A Pithiviers, les habitants ne pouvaient avoir de pain, sans la permission de l'autorité prussienne; tant les provisions devenaient rares. A Nemours, des cavaliers ennemis se dirigeant sur Fontainebleau, ayant été obligés de se retirer sur Melun par de simples gardes nationaux et autres personnes armées de fusils de chasse qui même avaient tué quatre prussiens, leurs compagnons s'étaient vengés en surprenant au milieu des bois un garde forestier qu'ils attachèrent à un arbre et fusillèrent. Après les fourrageurs chargés de ravitailler les divisions qui opéraient en province, c'était l'armée de Paris qui envoyait aussi faire des réquisitions, et commettre des pillages utiles à son bien-être. C'est ce qu'avaient fait, entre autres, deux fortes colonnes de deux cents hommes au moins, chacune composée d'infanterie et de cavalerie, qui étaient descendues par Corbeil, Saint-Germain-sur-Éconne, Courance et Milly, puis étaient retournées sur Corbeil.

12. — Il fallait en finir avec la mauvaise fortune. Pour donner satisfaction à la clameur publique, qui accusait de mollesse l'amiral Fourrichon, un successeur lui fut cherché, et, comme on n'avait pas de militaires sous la main, M. Crémieux prit l'intérim du ministère, en déchargeant sa responsabilité par l'adjonction d'une commission de notabilités républicaines et sérieuses, Freycinet, Gent, Lecesne, etc... Le nouveau ministre de la guerre ordonna tout simplement au général commandant le 15me corps, dont quelques divisions étaient prêtes, d'aborder l'ennemi, conformément aux principes de la Convention, qui obligent à renoncer à la vieille guerre de prudence et de temporisation, et de ne donner d'autres alternatives que la victoire ou une défaite complète. Malheureusement tous nos généraux ne voulurent pas se mettre à ce régime, que Jean-Bon-Saint-André avait imposé avec succès à Villaret-Joyeuse, et Saint-Just à Jourdan. Ces stimulants eurent pourtant une

belle aurore, et l'on put croire que le soleil de la France allait se débarrasser des nuages qui entravaient sa lumière.

13. — Le 5 octobre, le général Reyau, récemment monté en grade et en commandement, se dirigea avec trois brigades, (Longuerue, Ressayre et Michel), cavalerie et infanterie, sur Toury, station de 12 à 1500 habitants, située entre Orléans et Étampes, un peu plus près de cette première ville que de la seconde. Il était trois heures du matin, quand le général partit de Chevilly; chaque brigade avait une demi-batterie. Au lever du jour la colonne atteignit Chaussis, petit village à trois ou quatre kilomètres de Toury, qui fut enlouré par un escadron du 6ᵐᵉ hussards, envoyé en avant-garde; l'escadron se jeta sur les avant-postes ennemis et leur enleva cinq prisonniers du régiment royal Bavarois. L'action générale s'engagea aussitôt. L'artillerie ennemie forte de dix pièces de 12, établies en position à Toury, tirait avec la plus grande justesse et atteignait nos batteries, composées seulement de pièces de 4. La brigade Longuerue eut le plus à souffrir; ses trois bouches à feu, dès le commencement de l'action, furent démontées, et deux officiers, le chef d'escadrons Loytet et le sous-lieutenant Bourgoing, furent grièvement blessés. Dans la brigade Ressayre, plusieurs obus tombèrent au milieu du 9ᵐᵉ cuirassiers formé en colonne serrée; trois hommes et trois chevaux furent atteints. Malgré ce feu très-bien dirigé, le mouvement en avant se continua, et finalement le village de Toury ayant été tourné à droite

par la brigade Ressayre, l'ennemi fut obligé de battre en retraite, en prenant la route de Paris. On le poursuivit pendant trois ou quatre kilomètres en avant, mais malgré la rapidité de son mouvement, il lançait encore des obus, auxquels nous ne pouvions riposter que par des boulets.

Le général commandant en chef l'expédition fit alors arrêter la marche, par égard pour les fatigues de ses troupes qui, depuis leur départ, hommes et chevaux, n'avaient rien mangé. Une brigade même, la brigade Michel, était sur pied depuis minuit. Le quartier général vint s'établir à Toury. Là fut reconnue la force exacte de l'ennemi, quarante escadrons, c'est-à-dire 4 à 5000 hommes, et 2000 hommes d'infante[rie]. La présence du prince Albrecht, des princes de Saxe-Meneingen et de Saxe-Altembourg, qui avaient quitté Toury dès notre première attaque, fut aussi constatée. On saisit un parc de bestiaux de 147 vaches et 52 moutons réunis par les Prussiens, qui fut aussitôt transporté à Artenay, derrière nos lignes. Une vingtaine de prisonniers, dont un courrier du général prussien, furent la proie la plus sérieuse du vainqueur.

14. — Par suite de ce combat, l'ennemi se retira de Pithiviers, laissant derrière lui un parc de bestiaux; il abandonna 180 vaches à Manchecourt, évacua tout le pays au-delà de Toury et Janville et laissa libre Épernon et Gallardon, dont il partit par la route d'Érosne. Maintenant les positions prussiennes en face de Chartres et d'Orléans, en allant du nord-ouest au sud-est, ne dépassaient pas Rambouillet, que

l'ennemi ne cessait d'occuper fortement par une garnison de deux à trois mille hommes ; Ablis près de la grande route de Bayonne, dont trois cents hulans coupaient les poteaux télégraphiques ; Étampes, où il venait de se replier ; Angerville, à trois kilomètres duquel ils campaient au nombre de dix mille ; Sermoise à quatre lieues au nord de Pithiviers ; et les environs de Malesherbes, qui le lendemain même de l'affaire de Toury, étaient visités par soixante cavaliers, qui s'inquiétaient du voisinage de nos troupes, et des francs-tireurs ; ils étaient si furieux en se renseignant, qu'un vieillard fut leur victime.

Quelques personnes crurent à un changement de plan, et on prêtait aux Prussiens l'intention de tourner Orléans et Blois pour faire une manifestation subite à quelques lieues de Tours, et déterminer, sans entrer dans cette ville, un mouvement de retraite du gouvernement sur Toulouse ou Bordeaux. Mais la plupart savaient bien que l'ennemi ne faisait point de ces marches inutiles au point de vue stratégique, et dont le seul résultat eût été d'enlever le général de la Loire aux yeux de son surveillant et d'éloigner notre centre de concentration. Enfin on espérait que le gouvernement ne se laisserait pas prendre à cette manœuvre. Puis le fait d'armes du général Reyau ne paraissait pas avoir pour seul effet de purger l'Orléanais des bandes de pillards qui l'infestaient, ce qui assurément eût été quelque chose ; mais il avait encore d'autres avantages, quand ce n'eût été que celui plus important pour l'issue de la guerre de rendre la confiance à nos troupes et de leur faire reprendre, à force de petits succès, l'habitude de remporter de grandes victoires. Ne négligeons pas également cet effet immédiat, de forcer les Prussiens désormais à détacher de l'armée assiégeante, toutes les fois qu'ils auraient besoin de se ravitailler, des forces considérables.

15. — Cependant nos succès s'accentuaient. Un poste de trente hommes était tué à Bondarroy par les turcos, un seul ennemi échappait à la surprise. Les Prussiens étaient repoussés d'Ymonville et des environs par des francs-tireurs et des gardes nationaux, et ne pouvaient tirer d'autre vengeance que l'incendie de Tancrainville. Dreux attaqué avait fait une défense vigoureuse, grâce au secours d'un bataillon des mobiles de l'Orne; sept Prussiens avaient été tués, neuf blessés, et huits faits prisonniers. L'ennemi ayant fait des réquisitions à Cherisy, elles avaient été reprises par les Français. Enfin avait lieu l'affaire d'Ablis.

Informé par des éclaireurs que des forces ennemies s'étaient présentées à Ablis, le bataillon de francs-tireurs Lipowski partit de Fresnay-l'Evêque, le 6 octobre à deux heures de l'après-midi. A quatre heures, le lendemain matin, il était en vue de la position à enlever. Un détachement fut envoyé pour couvrir la droite, un autre sur la gauche, les 125 hommes qui restaient devaient attaquer de front. En approchant des premiers postes, des coups de fusil précipités blessent mortellement un franc-tireur; le feu commence et nous gagnons du terrain. Mais lorsqu'on eut passé une première barricade qui nous arrêtait, aux mousquetades se mêla une fusillade d'infanterie, qui partait d'une ferme à droite et presque à bout portant. Les balles forcèrent à prendre les murs de droite et de gauche, et paralysèrent ainsi notre feu, car un tir oblique eut blessé nos propres hommes. Le commandant fait alors sonner la charge, mettre la baïonnette au canon, reformer la colonne et l'on s'élance au cri de « Vive la Nation, Vive la République. » La ferme fut enlevée. Tandis que les premiers rangs y pénétraient, voilà que d'autres coups partent d'une maison à trente pas plus loin ; nouveau siége en pleine nuit noire. Bientôt les Prussiens par lesquels on avait craint un instant d'être tournés, et que l'arrière-garde attendait à l'issue du carrefour, s'enfuirent. Nous étions maîtres de la seconde ferme, et le petit jour venant, nous franchissions la rue enlevant une seconde barricade et apercevant en retraite, loin dans les mouvements de terrain de la route de Dourdan, une colonne noire, c'était l'infanterie prussienne.

Pendant qu'une section restait pour la tenir en respect, en cas de retour offensif de sa part, des détachements couraient les rues, fouillaient les maisons et ramenaient soixante-neuf prisonniers et quatre-vingt-trois chevaux : c'était presque un par combattant. Les Prussiens avaient laissé sur le champ de bataille six morts, dont un officier et quelques blessés ; nombre de soldats avaient été emportés mourants. Nous n'avions à enregistrer jusqu'à présent qu'une mort et trois ou quatre blessures. Malheureusement dans la retraite, qui est le complément obligé de toute opération de francs-tireurs, quelques mauvaises têtes ne voulurent pas accepter le conseil de marcher sous la protection de l'arrière-garde, six sur neuf furent massacrés par des fourrageurs détachés du corps qui venait d'être mis en fuite.

Les Prussiens, une heure après, au nombre de deux mille hommes et de six pièces de canon, incendièrent les maisons et assassinèrent les habitants désarmés. Une dépêche du roi Guillaume à sa bonne Augusta le constate froidement : « Versailles. Le 16e hussards, surpris dans la nuit du 7 au 8 octobre, par la trahison des habitants d'Ablis : ces derniers ont été punis, leur village a été incendié. » Ainsi, d'après ce caporal mystique, à qui l'Allemagne donna la couronne d'Othon, de Charlemagne et de Charles Quint, chaque fois qu'un soldat prussien sera surpris, ce sera par trahison, et les habitants de la France n'auront même pas le droit de préférer l'armée de leur pays à celle de sa majesté prussienne. Un civil n'est jamais en état de légitime défense. Que devient, en face de cette restriction, le mot de M. de Bismark : l'Allemagne est une nation armée, tandis que la France est une nation qui a une armée.

16. — En même temps que la fortune souriait à nos drapeaux, des secours arrivaient de toutes les parties du monde à la jeune République. Deux hommes, adversaires obstinés, Charette et Garibaldi lui offraient leur épée. L'un, petit-fils d'un lieutenant de vaisseau qui s'était insurgé en 1793, contre le gouvernement légal, l'Assemblée des élus du pays, la Con-

vention, en s'alliant avec l'ennemi comme les princes de Coblentz, assassinant les prisonniers, brûlant les villes, comme les prussiens alors ses amis. L'autre, le plus grand homme de guerre républicain depuis Washington, non par son génie, ses connaissances, sa tactique, mais ses principes et son caractère; héros légendaire qui avait conquis avec mille hommes un grand royaume, et préférant actuellement l'unité de son pays à sa liberté, parce qu'il savait bien que cette dernière viendrait à son heure, l'avait donné à un roi, lui l'ami de Mazzini. Le premier, anobli par Louis XVIII, choyé par les légitimistes; le second, gratifié d'une balle au pied par les fils de la France, l'avant-garde de la civilisation, et maintenu dans la prison de Caprera par les ministres italiens. Tous deux, gens de cœur et de courage. Charette, plus intelligent, plus pratique; Garibaldi, conservant outre mesure sa haine contre les prêtres, mais ayant légué sa vigueur à ses fils, à ses filles, et par son seul nom, inspirant la confiance et séduisant la victoire.

Celui-ci, grand, blond, parvenu à mi-chemin de la vie, entreprenait la campagne, malgré son tempérament, qui semblait se ressentir de celui de son ancêtre, dont M. Thiers a écrit : « D'une complexion faible et délicate, il semblait peu propre aux fatigues de la guerre, mais vivant dans les bois, où il passait des mois entiers, couchant à terre avec les chasseurs, il s'était renforcé, avait acquis une parfaite habitude du pays, et s'était fait connaître par son adresse et son courage; il devint le plus terrible des chefs Vendéens;

3*

tout le marais lui obéissait. » Celui-là, infirme, se traînait sur des béquilles, et risquait, dans les montagnes neigeuses des Vosges, d'abréger le peu de jours que le chaud soleil d'Italie lui avait conservés.

Tous deux avaient fait taire leurs convictions intimes devant les malheurs de notre patrie. Ce fils de chouan, ce clérical, qui avait défendu le pouvoir temporel du Pape, et commandé les zouaves contre Victor-Emmanuel, après avoir pris ses grades dans l'armée autrichienne, était arrivé en Vendée, et avait fait appel à tout ce qui était ennemi des ennemis de la France. Il eut bientôt réuni un corps de six mille hommes, qu'il organisa, équipa, et que lui, légitimiste, il offrit au gouvernement républicain de la défense nationale. L'autre amenait un nombre égal de fils du Sud et de toutes les nationalités opprimées, qui voulaient payer à la France ses campagnes antiques pour la liberté. Leur chef voulait bien oublier que le canon de la France avait, en 1849, renversé la République romaine ; que pendant vingt ans, nous nous étions faits les gendarmes de l'inquisition, et que le seul obstacle d'unité de l'Italie en 1859, était dû au chef du gouvernement que nous tolérions.

17. — Mais pourquoi faut-il que le cœur humain ne soit qu'un alliage où se trouve toujours un élément impur ; les plus beaux dévouements ont leurs arrière-pensées. Garibaldi, s'il n'eût été mandé en France, eut cherché à réunir à l'Italie le comté de Nice et la Savoie. C'eût été le prix de la neutralité des forces révolutionnaires, tandis qu'en les utilisant pour la

défense française, en remettant notre patrie dans le grand courant, M. Gambetta faisait perdre de vue l'intérêt particulier d'un peuple devant l'intérêt général du progrès. Garibaldi oubliait ses calculs aux prises avec sa générosité. Il faut que les réactionnaires le sachent, et que M. Gambetta, au lieu d'être accusé dans son patriotisme, soit loué dans sa prudence.

D'un autre côté, Charette, malgré qu'il appelât dans une lettre célèbre, le ministre de la guerre, le plus grand citoyen des temps modernes, et qu'il acceptât de lui une décoration qu'il n'eût acceptée de personne autre que de celui qu'il avait le droit et le devoir d'appeler son roi, espérait bien que l'exemple qu'il donnait ne serait pas perdu pour la monarchie légitimiste. En mettant en présence de l'abaissement des temps modernes ses vertus d'un passé que la noblesse avait conservé intact, il espérait qu'on commencerait à revenir sur ce passé, et qu'on dirait : « il avait pourtant quelque chose de bon, » en reconnaissant que le présent n'en avait guère. C'est pourquoi tout le temps de la campagne, malgré sa fierté patricienne, il se fit l'ami, et souvent invita à sa table, des officiers de tous les corps, et avec la discrétion d'un homme de bonne compagnie, par des moyens après tout légitimes, tenta de les gagner à la cause d'Henri V, ou tout au moins à les rendre moins hostiles.

18. — Lorsqu'à Tours arrivèrent les zouaves pontificaux, la population admira beaucoup la tournure martiale et l'air résolu de ces braves soldats qui

venaient mettre au service de la France leur épée devenue inutile ailleurs. On vit aussi les volontaires américains, le drapeau de l'union en tête ; c'était un superbe bataillon, composé d'hommes énergiques et d'allures décidées.

Partout la foi de 1793 s'unissait à la foi de Jésus-Christ, et au risque de s'aliéner les préfets de Nantes et d'Angers, Guépin et Allain-Targé, M. Crémieux autorisa Cathelineau à former des francs-tireurs sur la recommandation de Stofflet, fils d'un troisième chouan. Disons tout de suite que, composé de rebuts du parti, ce bataillon a été aussi loin des volontaires de l'Ouest que la capacité de son chef était distante de celle de M. de Charette.

Enfin M. Gambetta, parti de Paris en ballon, après être tombé un instant dans les lignes prussiennes, prenait terre à Montdidier et arrivait prendre en main la direction du gouvernement provincial. Arrêtons-nous un instant sur cet homme qui, comme Pompée, n'eut qu'à frapper du pied la terre, pour en faire sortir des armées.

LIVRE III

—

ARTENAY ET CHATEAUDUN

Portrait de Gambetta, par Sarcey. — Son rôle au lendemain de la chute de l'empire. — Etat de la province, lorsqu'il descendit de ballon à Montdidier. — Mesures de conciliation. — Décrets militaires. — Efforts aussi grands sur le terrain pratique. — Le Ministre de l'intérieur et de la guerre devant l'avenir. — Combat d'Artenay. — Prise d'Orléans. — Réussite du mouvement d'ensemble des Prussiens. — Prise de Chartres. — M. Batardon, maire de Dreux. — Résistance et incendie de Châteaudun. — Conduite des Prussiens. — Egoïsme de nos populations. — Le général de Thann. — Surrexcitation des villes du midi à la nouvelle de la chute de Metz. — La question militaire et la question de probité. — Gravité de la situation devant les forces rendues libres par la capitulation de Bazaine. — Dépêches de nos préfets. — Elles n'avaient trait qu'à des reconnaissances ennemies et des reconnaissances ayant atteint leur but.

1. — Francisque Sarcey, dans son deuxième numéro du *Drapeau tricolore,* a fait de Gambetta, pour lequel

il n'est pas suspect de partialité, le portrait suivant :

« Ce ne serait pas assez dire qu'il était né éloquent. C'était l'éloquence même. Un don d'élocution incomparable ; le mouvement oratoire en un degré prodigieux ; la logique la plus souple et la plus serrée à la fois se dérobant sous l'éclat des images qui affluaient dans son discours, avec une abondance extraordinaire ; une incroyable subtilité de raisonnement pour échapper aux prises d'une objection juste, et, quand il se voyait serré de trop près, une prestesse étonnante à revenir sur l'adversaire et à le terrasser de quelque énorme raillerie, de quelque apostrophe violente, comme d'un coup de boutoir ; toujours maître de lui en ces emportements de passion, et ce n'était pas un de nos moindres étonnements que cette parfaite possession de soi-même dans cette exubérance de paroles émues qui paraissaient jaillir du cœur ; et par-dessus tant de qualités, la plus efficace de toutes, ce merveilleux organe, cette voix chaude, étoffée, mordante, dont les notes vibraient avec une si douce et si impérieuse plénitude de son.

« Etait-il fort instruit ? Je n'en sais rien, mais la nature lui avait donné de cette puissance d'assimilation dont elle gratifie ceux qu'il lui a plu de faire orateurs. Il ne lisait, ne voyait, n'entendait rien, qu'il ne jetât en quelque sorte pêle-mêle dans la fournaise incessamment allumée de son éloquence, et qui n'en ressortît aussitôt, fondu en une lave brûlante.

« Ainsi, dit-on, faisait Mirabeau. De Mirabeau, il avait également les goûts variés, les curiosités toujours en éveil, les vastes appétits, appétits de jouissance, de luxe, d'autorité, de gloire; unissant en lui tous les contraires qu'il poussait à l'extrême : d'un laisser-aller de vie qui touchait au cynisme, et s'il était invité chez des personnes considérables qui voulaient l'étudier de plus près, les surprenant par la correction de son habit, la mesure de son langage, et la sévérité aisée de ses manières; esprit fin et froid sous ce tempérament de feu et cette nature débordante de sève; calculant tout jusqu'à ses accès de fougue, capable de patience et de discrétion aussi bien que d'emportement, non moins habile aux calineries de la séduction que prompt à briser, de haute lutte, tous les obstacles; quelque peu italien, comme son nom l'indique, mais Italien du seizième siècle. »

L'éloquence de Gambetta est attestée par trois chefs-d'œuvre, le plaidoyer pour Delescluze, dans le procès Baudin, le discours contre le plébiscite, la proclamation qu'il adressa au pays, au moment où j'en suis de mon récit, et qui finissait en ces termes : « Non, il n'est pas possible que le génie de la France se soit voilé pour toujours, que la grande nation se laisse prendre sa place dans le monde par une invasion de 500000 hommes. Levons-nous donc en masse, et mourons plutôt que de subir la honte du démembrement. A travers tous nos désastres, et sous les coups de la mauvaise fortune, il nous reste encore le sentiment de l'unité française, l'indivisibilité de la République. Paris cerné affirme plus glorieusement son immortelle devise, qui dictera aussi celle de toute la France. Vive la nation, Vive la République, une et indivisible. »

2. — Après la chute de l'empire, Gambetta avait proposé de faire élire le Conseil municipal de Paris, et de ne laisser dans la capitale, à côté des maires, que le gouverneur de Paris. Mais ç'avait été sans succès, par suite de cette observation, que les acclamés du 4 septembre n'étant députés que de Paris, seraient mal vus en province, le faux point d'honneur d'avoir l'air de déserter le danger, et la crainte du président du conseil, le général Trochu, de n'avoir à ses côtés plus aucun de cet élément civil sur lequel il pouvait se décharger d'une partie de son impopularité. Tous les députés de Paris qui n'étaient pas ministres, et qui par conséquent n'eussent été rien au-delà des murs, avaient fait pencher la balance contre Gambetta, quoique celui-ci eût objecté à son tour, que c'était pousser la province à l'indifférence que de lui envoyer le rebut des généraux et des gouvernants, quand elle avait pour elle la supériorité de l'étendue du territoire, du nombre des soldats, et qu'on venait encore lui donner la charge de débloquer Paris. Ne valait-il pas mieux, après avoir constitué le gouvernement de Paris assiégé, aller s'entourer en France, d'assemblées électives à tous les degrés, dans un moment où le mépris contre l'empire était si grand, et la République grosse de tant d'espérances ?

Lorsque les événements eurent témoigné la justesse des vues de Gambetta, ses collégues le chargèrent seul d'exécuter son programme, mais six semaines avaient été perdues pour la défense de la patrie et la fondation de la République. De plus, on fit encore la faute de repousser une seconde fois les élections. N'auraient-elles pas été contraires à l'ambition des députés de Paris prisonniers, qui n'eussent pu ni être nommés ministres, ni exercer leurs fonctions ? car la raison de l'impossibilité matérielle tirée de l'occupation de vingt-trois départements, n'était réellement pas sérieuse ; plus tard on eut à nommer des députés, lorsque les progrès de l'ennemi eurent doublé. Pour un esprit comme Gambetta, le seul motif raisonnable d'ajournement, c'est le terrain perdu par l'idée républicaine, qui lui fit craindre de se trouver en présence d'une Chambre hostile, et l'ambition d'exercer la dictature et de sauver la France tout seul. Depuis Napoléon, nul n'était arrivé si vite et si tôt. N'y avait-il pas tentation de rêver le rôle de Washington ? Voilà ce qui plus tard le fit hésiter à retenir le pouvoir, appuyé d'un comité de salut public.

3. — Toute spontanéité avait été supprimée dans les départements par la centralisation impériale. Pendant les vingt dernières années que nous venions de traverser, c'était bien la province qui régnait en France, puisqu'elle imposait par ses suffrages, à Paris, à Lyon, à Marseille, le régime que ces capitales exerçaient, mais elle ne gouvernait pas. Les ministres que ses élus, ou plutôt les élus des préfets, avaient pour unique mission de soutenir toujours et quand même, la menaient même assez durement. Le plus pur de son sang, versé dans des expéditions insen-

sées, le plus clair de ses ressources absorbé par les milliards de la dette publique, les Fleury et les Marguerite Bellanger, l'expédition Mexicaine et les agioteurs de Bourse, voilà quel fut le prix de son goût aveugle pour l'ordre et la conservation. Aussi quand la province vit effondrer subitement l'écrasant despotisme qui pesait sur elle, elle fut prise d'une stupeur inimaginable. Elle n'eut ni la joie de l'empire tombé, ni la crainte des Prussiens, elle resta indifférente et attendit ce que Paris déciderait, ce que Paris ferait pour chasser l'envahisseur étranger.

Comment d'ailleurs aurait-on pu s'entendre? Où étaient les citoyens capables d'organiser la défense de leur patrie dans la France impériale. Les orléanistes, depuis vingt ans, avaient quitté la politique pour la littérature. L'essai malencontreux fait par quelques-uns pour rentrer sur cette scène, en s'alliant au ministère Ollivier, les avait déconsidérés aux yeux des fidèles à tous les principes. Le bonapartisme n'était pas un principe, mais une collection d'intérêts. Les légitimistes étaient presque tous des grands propriétaires sans idée des besoins modernes. Le parti socialiste n'était pas remis des journées de juin, où ses bons éléments avaient été frappés avec les mauvais. Depuis le deux décembre, déportés à Cayenne ou à Lambessa, impliqués dans tous les procès politiques, repoussés de toutes les positions où ils auraient pu gagner leur vie, les républicains libéraux ou de droit divin n'étaient pas plus en nombre et en force.

Le pouvoir judiciaire, ce besoin et cet honneur des

sociétés, n'était pas purgé des Delesvaux, Bernier, Zangiacomi, magistrats assis qui, en condamnant avec une servilité inouie les opposants de l'empire dans tous les partis, par cela seul qu'ils étaient opposants; ont fait l'opprobre de la France et malheureusement fait douter de leurs collègues. Ils tremblèrent d'abord, puis voyant que leur inamovibilité les préserverait encore une fois, ils reprirent courage et continuèrent leurs intrigues réactionnaires. Parmi les magistrats debout, les choix faits sans discernement par Crémieux et difficilement par suite de l'appel sous les drapeaux des gens de vingt-cinq à trente-cinq ans, n'aboutirent souvent qu'à des incapables ou à des gens qui n'offraient pas plus de garantie à la République que leurs prédécesseurs.

Le pouvoir exécutif fut occupé dans la plupart des départements par des envoyés de Paris, avocats ou journalistes de deuxième ordre, inconnus au pays qu'ils devaient administrer, n'ayant pas le courage nécessaire pour grouper autour d'eux un parti républicain, pour donner carrière à l'activité individuelle de chacun, pour agir révolutionnairement ; dans d'autres, les nouveaux préfets furent des hommes du pays gênés par leurs relations de famille ou de profession. La plus grande faute fut, par respect pour le suffrage universel, de laisser pendant longtemps le pouvoir représentatif à ces conseillers généraux et municipaux, qui avaient livré la France désarmée, d'abord au despotisme de Bonaparte et ensuite à l'invasion des Prussiens, au lieu de procéder à de nouvelles élections; d'anciens maires restèrent même en place.

4. — Voilà où nous en étions, quand Gambetta prit en main le ministère de l'intérieur et de la guerre, où il eut, pour seconds, Laurier, ce Mirès de la République, et Freycinet, ex-ingénieur en chef de la compagnie du chemin de fer du midi. Comme tous les gouvernements, il chercha d'abord à faire de la conciliation, et à ménager les opinions les plus adverses. Ce républicain attendit pour faire de la république, que la bourgeoisie et la campagne eussent prouvé qu'elles n'étaient bonnes à rien; on sait la reconnaissance qu'il en recueillit. Son premier acte fut de faire relâcher le général Mazure, en démêlé à Lyon avec le préfet Challemel-Lacour, publiciste peu exalté, mais qui comprenait cependant à quelle contre-partie démagogique donnerait lieu la conduite réactionnaire d'un vieillard qui depuis cependant s'est montré à la Chambre partisan de la guerre à outrance. Il alla dans l'est visiter la petite armée de Cambriels, et installer Garibaldi à Besançon, avec ses francs-tireurs Italiens, Hongrois, Américains, etc. Cette petite troupe fut soutenue par quelques bataillons de mobiles. On prit entre autres vingt-cinq hommes dans chacune des vingt-et-une compagnies du régiment des Deux-Sèvres pour former la légion d'Antibes.

Gambetta donna une autre preuve de sa modération en appelant à Tours Bourbaki, qu'une singulière mystification venait de faire sortir de Metz, non sans une foule de protestations et de démonstrations hostiles de certains républicains, qui demandaient l'expulsion de nos États-majors de toutes les créatures compromises de l'Empire. Pour plaire aux mêmes hommes, et au risque de s'aliéner ses amis, Gambetta alla plus loin encore, la garde civique de Marseille fut dissoute par un décret du 12 octobre; les résolutions de la commune de Lyon qui avait voté un emprunt forcé sur les riches furent annulées; les représentants de la ligue du midi, rappelés à l'obéissance, et ceci tous les partis y applaudirent, excepté peut-être ces membres de la droite qui voulant fédérer la France par province, font le jeu des insurgés de Paris qui veulent la fédérer par commune. Autant la décentralisation dans l'ordre administratif est indispensable, autant dans l'ordre politique, les ménagements sont à garder.

5. — Au point de vue militaire, on ne tarda pas à recevoir des preuves de l'activité du nouveau ministre de la guerre; du 9 octobre au 9 novembre chaque jour est marqué par un décret. Il soumit à un contrôle plus exact les compagnies de francs-tireurs. Un décret du 11 octobre mit à la charge des départements et des communes, l'habillement des mobilisés, leur équipement et leur solde pendant trois mois. L'exportation des grains et des bestiaux, qui pouvait servir à l'ennemi fut interdite sur tout le territoire Français. Le ravitaillement de Paris fut l'objet de plusieurs mesures concertées d'avance avec Trochu. Tout département, dont un point quelconque de la frontière était à moins de cent kilomètres de l'ennemi, dut être mis en état de guerre. Un maximum de temps fut fixé pour les arrêts

4

de trains porteurs de troupes, dans les gares de bifurcation, où les compagnies de chemin de fer avaient
jusqu'à ce jour abusé de la confiance des chefs de
corps quand elles ne transportaient pas leurs soldats
dans des wagons à bestiaux. Un décret du 14 octobre
traduisit, devant un conseil de guerre, tout chef de
corps, qui se serait laissé surprendre par l'ennemi, ou
qui se serait engagé à tort sur un point où il ne soupçonnait pas la présence des Allemands. Une commission
centrale d'armement fut instituée au ministère de la
guerre, et une circulaire aux préfets y subordonna
toutes les acquisitions précipitées, désordonnées; l'en-
chérissement provenant de la concurrence fut ainsi
évité. Les troupes, au-delà du chiffre de deux mille
hommes, durent quitter le cantonnement qui les perd,
et le casernement qui ne les améliore pas, ainsi que le
disait le maréchal Soult, pour résider dans les camps.
Injonction aux généraux de faire de fréquentes revues
de détail, de s'éclairer, de se servir des fortifications
volantes. Ordre aux officiers de porter l'uniforme et de
se mettre en route dans les 24 heures qui suivraient
l'avis télégraphique ou postal de leur changement de
résidence ou d'emploi.

Des circulaires très-vives prescrivirent la mise en
état de défense des départements voisins de l'ennemi, l'établissement de camps fortifiés, et le conseil
de guerre fut la perspective des généraux qui n'ap-
porteraient pas assez de vigilance à cette tâche. Les
journaux reçurent des communiqués énergiques, pour
prévenir la divulgation des mouvements de troupes.

6. — Tout ceci n'était que les préliminaires de mesures plus importantes. Le deux novembre, tous les hommes au-dessous de quarante ans mariés ou non furent mobilisés, il n'y eût de cas d'exemption que les infirmités graves; les mobiles qui avaient échappé à deux ou trois conseils de révision furent repris dans la levée, et cette mesure dictée par un amour excessif de l'égalité, n'eut d'autres résultats que d'encombrer les hôpitaux. C'est une triste consolation que de savoir qu'un autre va mourir avec soi. Si l'on mène deux bœufs à l'abattoir, faites comprendre à l'un d'eux que son compagnon ne mourra pas, le bœuf mugira de plaisir: l'homme, le roi de la création, est au-dessus ou au-dessous de ces sentiments. Si donc le soldat a l'air grave et rêveur, ce n'est pas le chagrin de verser le sang de ses semblables, mais la crainte de voir l'ennemi verser le sien sans celui de son semblable.

Un décret du 3 novembre établit que les départements fourniraient, dans un délai de deux mois, autant de batteries d'artillerie qu'ils contenaient de cent mille habitants, et livreraient la première batterie dans le délai d'un mois. Pour faciliter cette prescription, les fabriques des églises étaient priées d'offrir leurs cloches à la fonte des canons, réminiscence du fameux décret de 1793 et qui montre, par la dispense de l'obligation, le progrès des idées de tolérance et de liberté de conscience.

Sans doute toutes ces idées ne passèrent pas dans la pratique, beaucoup de décrets restèrent en chemin d'exécution, mais l'ensemble prouve un sérieux talent d'organisation.

7. — Sur le terrain pratique les efforts de Gambetta n'étaient pas moindres, et ils avaient de plus sûres et de plus promptes conséquences. Les mobiles étaient tirés de l'oisiveté des villes où ils se démoralisaient sans perfectionner leur éducation mi'itaire, on les envoya aux armées ou dans les localités voisines de l'ennemi. Les officiers et les soldats du 96ᵐᵉ régiment s'étaient échappés de Strasbourg, ils furent activement recherchés. Ce qui restait encore en Afrique de zouaves, de turcos et de cavaliers étrangers, étaient apppelés sur la Loire. La marine prêta son matériel et son personnel, et le contre-amiral Jauréguiberry, les capitaines Jaurès et Gaugeard furent appelés au commamdement de division, et bientôt de corps entiers. Mais l'idée la plus ingénieuse fut de diviser l'armée en deux parties, l'armée régulière et l'armée auxiliaire, et de donner provisoirement même dans l'armée régulière des grades nécessités par le manque de cadres, et qui ne devaient être rendus définitifs que par des actions d'éclat.

Tous nos corps furent renforcés; l'armée de l'est fut portée à 40000 hommes et le général Cambriels remplacé par Michel, républicain et libre penseur; Bourbaki prit la place de Farre à l'armée du nord, évaluée à 60000 hommes, mais jusque-là éléments informes sur lesquels le public se trompait de moitié. Une armée de l'ouest fut formée sous le commandement du général Frièreck; formée est peut-être un peu fort, car ce n'était encore qu'une pure dénomination ; elle s'appliquait plutôt à une extension territoriale, sur laquelle étaient disséminés des détachements isolés, qu'à une agglomération de forces organisées. Cette extension territoriale était le Perche, longue et étroite bande de terre qui sépare la Beauce du Maine, et dont l'aspect ressemble au bocage Vendéen ; Nogent-le-Rotrou en était la capitale. M. de Kératry réunit les contingents bretons au camp de Conlie près du Mans, et les travaux du génie eurent bientôt triomphé de la boue. Enfin sous la direction de Gambetta, une force plus compacte, plus réelle et plus silencieuse, se forma sur la rive gauche de la Loire.

Dans tous ces décrets, dans toutes ces armées il y avait des lacunes, mais le grand point, le point incontestable, c'est que la routine était abandonnée et la torpeur secouée. On démêlait déjà des éléments sérieux de résistance et même de succès.

8. — Voilà ce qu'a fait un ministre de l'intérieur et de la guerre, un civil, un avocat de trente ans. Après cela, libre à M. Arthur de Boissieu d'accuser, dans ses lettres à la *Gazette de France*, cette riche nature d'avoir mangé son blé en herbe ; libre à Flourens d'écrire : « En fait de généraux, rien de plus facile que de faire prendre à Gambetta une huître pour un phénix. Qu'un porte-épaulette quelconque vienne lui parler, avec un air profond et convaincu, de plans tournants ou de billevesées de même sorte, Gambetta tout fier de cette coïncidence militaire s'écrie, j'ai

4*

trouvé mon homme»; libre au bonapartiste **Dumas** fils, car il était bien naturel qu'il y en eût un pour courir sus, en compagnie du légitimiste et du communeux, de l'appeler Gaudissart, et orateur de taverne.

L'histoire dira dans son impartialité, que les contemporains ne peuvent acquérir, que pareil à l'héritier d'Aratus, chef de ligue Achéenne, Philopœmen de Mégalopolis qui mérita le surnom de dernier des Grecs, à Brutus et à Cassius, ces glorieux vaincus de Philippe morts avec la République, qu'on appela les derniers des Romains, Gambetta, en ne désespérant pas de la France, en essayant de ramener à la vie ce qui déjà était un cadavre, mérite d'être appelé le dernier des Français. Il est incontestable que si dans la sphère de ses attributions et de son intelligence, chacun de nous avait fait comme lui, nous eussions été bien vite plus près de Berlin, que les Prussiens ne l'étaient de Paris, et, ranimés autant qu'unis par la lutte et la victoire, l'Europe ne rirait pas en nous voyant aujourd'hui rejeter les uns sur les autres nos défaites et finir misérablement par la guerre civile.

9. — Cependant il n'était que temps de faire des préparatifs vigoureux, les Prussiens s'étaient déterminés à détacher de Paris des forces imposantes. Le premier corps d'armée Bavarois, tout entier, sous le commandement du général de Thann, devait marcher sur Orléans; en même temps et parallèlement la division du général Wittich se dirigeait par Epernon et Maintenon sur Chartres; d'autres colonnes volantes traversaient Houdan pour se porter sur Dreux. De

toutes parts les Prussiens voulaient porter leurs lignes d'investissement sur un rayon de vingt-cinq à trente lieues. Cette marche en avant s'exécuta malheureusement avec ensemble et succès.

Le 10 octobre, la brigade Longuerue qui occupait Artenay avec quelques compagnies de chasseurs, fut attaquée par de Thann, dont les forces supérieures en cavalerie et artillerie surtout s'emparèrent du village. Le général Reyau se porta au secours de la brigade, avec cinq régiments, quatre bataillons, une batterie de 8. Nous avions alors environ vingt-cinq mille hommes d'engagés. La lutte qui avait commencé à neuf heures et demie du matin, finit à deux heures et demie du soir. Nous fûmes refoulés dans la forêt qui entoure Orléans de ce côté, où le général de la Motterouge, annonçant par dépêche au Ministre de la guerre le résultat de la journée, déclara qu'il se défendrait à tout prix.

Donc le lendemain, nouvel engagement à Cercottes, au centre de la forêt. La lutte dura de onze heures à trois heures de l'après-midi. Les Français bien abrités derrière leurs retranchements, qui s'étendaient à droite jusqu'à Beaume et dans les vignes, auraient pu faire bonne résistance à l'ennemi. Néanmoins, l'armée française abandonna Orléans, et se transporta sur la rive gauche de la Loire. Les Prussiens prétendirent nous avoir pris trois canons et fait deux mille prisonniers. Le gouvernement affirma que nos pertes étaient insignifiantes.

Ce qu'il y a de certain, c'est qu'une partie de notre

armée régulière, non-seulement n'avait pas montré au feu toute la solidité qu'on pouvait attendre d'hommes rompus pour la plupart aux exercices de la guerre et pourvus des meilleures armes que fournissent nos arsenaux, mais encore que dans sa retraite désordonnée, elle avait servi d'auxiliaire à ces hulans qui venaient de la battre, à ces éclaireurs redoutés, en exagérant les forces et les ressources des Prussiens auprès des populations civiles. En vérité, si l'on eût écouté tous ces échappés, et malheureusement on les écoutait, parce qu'on se figurait qu'ils avaient vu, il eut fallu désespérer de la France, mais aucun n'était capable de montrer ses blessures, et de dire combien de ses camarades avaient été tués dans les dernières rencontres. Seuls, deux corps firent leur devoir, la légion étrangère, qui disputa avec beaucoup de vigueur à l'ennemi l'entrée d'Orléans et perdit son commandant Arago, et les soldats placés sous les ordres du colonel Charette, dont le courage eut droit à toutes les sympathies ; mais comme dans cette guerre on a toujours surfait le nombre des victimes par le feu, on prétendit d'abord qu'il ne restait que dix-sept zouaves pontificaux, en réalité il y en avait dix-sept de morts ; leur recrutement n'en fut que plus accéléré.

10. — L'ennemi bombarda le faubourg Bannier et incendia la gare, puis il s'établit à Orléans. Sous prétexte que le faubourg avait été pris d'assaut, les officiers permirent à leurs soldats de piller les hôtels, les cafés et les restaurants situés près de la gare du chemin de fer ; à l'intérieur, les maisons abandonnées

furent saccagées par les hommes qui s'y installaient, et souvent la présence des habitants ne fut pas une sauvegarde contre de telles licences. Ces hommes se disaient, a écrit un auteur célèbre : « Que cette montre ira bien à mon fils qui est au gymnase, cette chaîne d'or dans les blonds cheveux nattés de ma fille ; la dame de cette maison a une jolie robe de soie qui siérait bien à ma femme, si je la lui arrachais ! Tout cela dit au matin quand ils était lucides, le soir tout ce qui restait de l'homme était noyé, l'heure de la bête sauvage venait. »

Il est difficile d'expliquer l'incurie qui ne prévint pas un événement aussi grave que la prise d'Orléans. Quelques jours auparavant, des forces considérables s'étaient massées à Etampes, et le général en chef lui-même l'avait appris au gouvernement. Le corps d'armée en formation à Bourges, c'est-à-dire à peu de distance, les troupes dont Tours regorgeait, ne pouvaient-elles aller au secours du général Reyau? On dirigea bien de cette ville sur Orléans une colonne de 1500 hommes d'infanterie, mais elle trouva la ville prise et dut rebrousser chemin. Nous ne pouvions plus dire, la Loire est à nous. L'invasion allait se répandre dans sa vallée, et le réseau de nos chemins de fer, par la prise d'une aussi importante tête de ligne, était coupé ou tout au moins compromis ; être rejeté à trente lieues de Paris, n'était pas enfin une considération sans importance. Le général La Motterouge fut remplacé par Aurelles de Paladines, qui établit son quartier général à la Ferté-Saint-Aubin.

11. — Les Prussiens avaient partout opéré leur mouvement d'ensemble avec la même facilité ; entrés le 11 au soir à Orléans, ils s'étaient avancés à l'ouest jusqu'à Beaugency, dont ils avaient fait sauter le viaduc en pierre, de vingt-cinq arches, long de 290 mètres et large de 7, sur lequel la voie ferrée traverse les Mauves en allant à Meung.

A l'est, une colonne partie d'Orléans, composée de 6000 hommes, dix-sept canons et deux mitrailleuses, venait s'établir à Jargeau, d'où elle envoyait chaque jour des reconnaissances sur Faye-aux-Loges, Vitry, Châteauneuf et dans la direction de Vierzon. Le pays fut en proie aux réquisitions, les foins chaque jour pillés, les bestiaux volés ; mais la ville qui souffrit le plus fut Châteauneuf. Dans le bois de Chenailles, près de cette ville, des francs-tireurs postés avaient tué à l'ennemi trois cavaliers et fait plusieurs blessés ; celui-ci revint en force et imposa la ville à cinquante mille francs, qui devaient être payés sous peine d'incendie. Heureusement la municipalité eut l'idée d'envoyer à Jargeau une députation de quelques-uns de ses membres trouver le général prussien, et lui dire que Châteauneuf n'était pas une localité qui pût donner cinquante mille francs, surtout après les réquisitions journalières qui venaient d'y être pratiquées. Le général, soit qu'il fût de bonne foi, soit qu'il hésitât à souiller le nom Prussien par un acte comme celui devant lequel un de ses collègues ne venait pas d'hésiter à Châteaudun, répondit qu'il n'avait aucune connaissance de cette réquisition de cinquante mille francs, qu'il n'avait rien ordonné et qu'il fallait la refuser.

12. — En même temps l'ennemi occupait Châteaudun, Chartres, Dreux, Vernon, Pacy-sur-Eure, Gisors.

Les Allemands avaient fait pour réduire Chartres des préparatifs formidables. C'était le 21 octobre. Le général Wittich arrivait par Vitray en Beauce et Saint-Loup, conduisant par la grande route son infanterie. La brigade de cavalerie Hontheim avait passé l'Eure à Thivars et couvrait la gauche, à droite une compagnie de pionniers coupait à Amilly le pont du chemin de fer du Mans. Mais après une légère résistance à Coudray, Gellainville et Luisant, un armistice d'une heure fut accordé au curé de Morancez, venu en parlementaire officieux. La crainte des batteries prussiennes établies à Amilly et au Coudray, l'exemple de Châteaudun et le désir de conserver sa cathédrale fit accepter à la municipalité chartraine les conditions du général allemand, qui d'ailleurs étaient assez douces. La ville se rendit, mais sa garnison, sauf 2000 mobiles qu'on désarma, eut la faculté de se retirer.

La prise de Dreux a donné lieu à l'insertion de la note suivante à l'officiel du 18 octobre : « A la suite des douloureux événements, dont la ville de Dreux a été le théâtre dans les journées des 9, 10 et 11 octobre, M. Batardon, maire, qui se devait à lui-même autant qu'à ses administrés et à la France, d'essayer au moins une tentative de résistance, avait été mis en

état d'arrestation. Amené à Tours, il a subi un interrogatoire, d'où il résulte que M. Batardon n'a été
dans ces tristes circonstances que l'instrument à l'aide
desquels des gens décidés à tout, plutôt qu'à se
battre, et au nombre desquels on a le regret de
compter certaines autorités de la ville, ont consommé
l'acte de lâcheté qui laissera une tache si malheureuse dans l'histoire de Dreux. Dans cette circonstance,
on a pensé que M. Batardon, ancien maire officiel de
l'empire, devait être abandonné, comme ses conseillers et ses complices, au verdict de l'opinion publique. Aujourd'hui il est libre, qu'il retourne, s'il
l'ose, au milieu de ses concitoyens. C'est là qu'il retrouvera le châtiment que mérite un tel oubli de ses
devoirs de magistrat et de Français. »

13. — Dreux seul faisait tache dans ce département
d'Eure-et-Loir ; toutes les localités avaient fait de la
résistance aux Prussiens, à l'aide de gardes mobiles,
de francs-tireurs, parfois même de gardes nationaux
et de paysans. L'ennemi s'en vengeait en brûlant les
villages, notamment Varize et Civry, et enfin Châteaudun.

Depuis longtemps il occupait les environs de cette
ville et désirait prendre une revanche sur les francs-
tireurs Lipowski, qui partaient de là chaque jour.et
tuaient ou prenaient, comme des adversaires invisibles, pas mal des siens. La marche des Prussiens
sur cette ville sembla d'abord une simple modification
du plan ; on crut qu'ils remontaient d'Orléans sur
Châteaudun pour s'avancer sur Tours par Vendôme,

au lieu de tendre au même résultat par Bourges, Beaugency et Blois. Il était dans la destinée de Châteaudun d'être incendiée à plusieurs reprises. Elle le fût en 570 par les habitants de Blois et d'Orléans, en 1590 par les ligueurs, en 1723 accidentellement. C'est alors qu'elle avait été presqu'entièrement reconstruite, sur les plans de l'architecte Hardouin, et dotée de la fontaine style renaissance qui occupe le milieu de la place à laquelle viennent aboutir toutes les rues. Au nord et à l'ouest la ville est bâtie sur un coteau très-élevé qui domine le Loir. Mais au sud les routes de Chartres et d'Orléans y entrent de plain-pied ; elles avaient été barricadées en arrière de la gare.

Châteaudun fut attaquée à midi par six mille hommes d'infanterie, quinze cent cavaliers, deux batteries d'artillerie. Les habitants ne s'aperçurent de la présence de l'ennemi qui n'était plus redoutée depuis quelques jours, malgré la menace écrite que le commandant avait fait tenir au maire, que lorsque les pièces furent en position ; car par une complicité tacite, aucun paysan des localités voisines ne sonna l'alarme. La veille les dernières troupes régulières et les mobiles avaient évacué Châteaudun. Le comte Lipowski soutenu par la garde nationale qui ne pouvait faire autrement à cause des francs-tireurs, et dont on venait de se moquer quelques jours auparavant pour avoir cassé ses fusils, soutint l'attaque toute la journée. Quelques francs-tireurs de Nantes et de Cannes aidèrent à la résistance. Sous le bombardement qui dura jusqu'au soir, la garde nationale racheta outre mesure sa pusillanimité. Vers sept heures et demie, la barricade de la rue de Chartres fut forcée et une lutte à la baïonnette s'engagea dans les rues. Elle ne se termina qu'à onze heures, sur la place centrale d'où les Prussiens avaient été déjà trois fois repoussés.

La ville fut ensuite incendiée à la main et les principales rues réduites en cendres. Les soldats qui avaient pris la précaution d'apporter des vases pleins d'un mélange de colta, de pétrole et de poudre, barbouillaient les contrevents avec un pinceau et y mettaient le feu. Plusieurs êtres faibles périrent dans les éboulements. Nous avions dans la journée eu deux cents hommes hors de combat et brûlé soixante mille cartouches. Le commandant de la garde nationale, M. de Testanières, avait été tué à la tête de ses troupes. Quant aux pertes des Prussiens, elles étaient tellement grandes qu'ils n'osèrent pas occuper la ville abandonnée, et qu'ils couchèrent dehors, autour et dans la gare percée par les boulets, laissant dix-huit cents à deux mille hommes sur le carreau. La retraite des francs-tireurs, couvrant le départ des habitants, s'effectua la nuit par Brou et Courtalain. Femmes, enfants et vieillards, après avoir fait preuve d'un grand dévouement, cherchèrent un refuge dans les communes avoisinantes.

14. — Au petit jour, les Prussiens bombardèrent le village de Saint-Denis-les-Ponts et le faubourg Saint-Jean qui n'était pas défendu. Ils pillèrent tous

les magasins, où des vivres, des habillements, des chaussures, des couvertures et des équipements se rencontraient. Les glaces et les pendules furent criblées de coups de sabres et de baïonnettes, habitudes fréquentes dans cette guerre, sans doute pour faire aller le commerce de Saxe et de Nuremberg. Quelques habitants sur le seuil de leurs portes servirent de cible et furent assassinés sans résistance. On examina soigneusement et sentit les mains et les vêtements de tous les gens de vingt à quarante ans ; quiconque traînait après lui la moindre odeur de poudre, ou laissait passer un insigne de garde national, était envoyé prisonnier en Prusse.

Enfin, des réquisitions furent exigées du maire, M. Lhumières. Abandonné de tout le Conseil municipal, celui-ci se montra digne de sa tâche douloureuse, et après avoir combattu pendant six heures la veille avec son second fils, (le premier était dans les mobiles d'Eure-et-Loir où il eût plusieurs dents de cassées devant Dreux par une balle qui lui traversa la mâchoire), après avoir vu cinq fois le feu mis à sa maison par des chutes d'obus et éteint par les efforts de sa femme qui se montra à sa hauteur, il réussit encore à obtenir la pitié du vainqueur pour ses concitoyens et la réduction des charges.

8. — L'affaire de Châteaudun s'est accomplie en dehors de toutes les lois de la guerre, et la gloire de la Prusse en gardera la souillure éternelle ; elle a prouvé une fois de plus l'égoïsme de nos populations. La nouvelle de l'engagement avait dû se répandre

rapidement à quinze ou vingt lieues à la ronde , puisque le gouvernement le connut par des dépêches parties de Troyes et de Nogent-le-Rotrou. Dans toutes les localités de quelqu'importance, situées dans un périmètre aussi étendu , nul doute qu'il n'y eut quelques bataillons, quelques compagnies de troupes régulières ou auxiliaires, qui en accourant rapidement auraient pu changer les chances du combat. Chaque bourgade au contraire s'obstinait à garder les forces qui la défendaient. N'auraient-elles pas dû songer que le meilleur moyen de se protéger elles-mêmes, était de voler au secours de leurs voisins, au lieu de retenir de tout son pouvoir les chefs de corps ? Ceux-ci d'ailleurs, sans ordres formels, hésitaient à se porter en avant.

Le gouvernement qui avait décidé que la statue de Strasbourg, qui se trouvait sur la place de la Concorde , serait coulée en bronze avec l'inscription commémorative des hauts faits de la résistance des départements de l'est, ne pouvait moins faire pour Châteaudun. Un décret déclara que cette ville avait bien mérité de la patrie. Carpeaux lui consacra un groupe , moins sujet aux récriminations que celui de la danse au nouvel Opéra. Enfin un poëte, qui avait débuté par ces marivaudages, qui ont trop encombré la vitrine de Lemerre, et qui avait échoué dans la célébration des cuirassiers de Reischoffen, trouva un souffle passable pour célébrer cette résistance, comparée à la conduite des populations rurales.

Châteaudun, s'il reste en tes murs
Un pigeonnier pour le poète,
D'où l'on entend l'alouette
Chanter l'aube dans les blés mûrs,

Garde-le moi : Je veux y vivre,
Je veux y retremper ma foi,
J'y veux apprendre au moins de toi
Comment un peuple se délivre,

Compter à l'âge de tes fils
Les jours que la vertu confère,
Et chanter ce que l'on doit faire
En célébrant ce que tu fis.

16. — Maintenant que le crime est instruit, nous allons faire comparaître l'accusé au tribunal de l'histoire.

Le baron Von der Tann était le commandant du 1er des deux corps bavarois. La famille dont il descendait, portait le nom d'un village de Franconie, province située à droite et à gauche du Mein. Comme les possessions bavaroises, au nord de cette rivière, avaient été cédées à la Prusse en 1866, il en résultait que le patrimoine de ce général noble faisait partie de la confédération du Nord, dès le début de la guerre franco-allemande.

De Tann, à cette époque, avait 55 ans; il a fait ses études à Munich, à l'Institut royal des Pages. S'étant pris alors de goût pour la carrière militaire, il obtint les grades suivants dans l'armée bavaroise : sous-lieutenant d'artillerie en 1835, lieutenant d'état-major en 1840, adjudant du prince royal en 1844, capitaine en 1844, major en 1849. Quand les idées françaises eurent une troisième fois, depuis un siècle, fait trembler le monde, il se mit à la tête d'un corps franc, et c'est en cette qualité qu'ayant fait agréer ses services à la Prusse, il fit la campagne du Sleswig. Chose remarquable, celui auquel les francs-tireurs français ont eu le plus à faire, était un ancien chef de francs-tireurs. Sa conduite dans l'Orléanais, dont les ruines fumantes, les magasins volés, les récoltes pillées sont incontestables, prouve d'ailleurs un aspect de cette profession. Mais ne nous écartons pas trop de la guerre de Danemark. Le 26 août 1848, la médiation de la France, de l'Angleterre et de la Russie arrêtèrent les progrès prussiens, et un armistice fut signé à Malmoë.

De Tann revint dans son pays natal, où le grade de lieutenant-colonel lui fut régularisé. De 1850 à 1866, il fut promu successivement par le roi de Bavière, colonel, général-major, commandant de brigade de l'infanterie, adjudant-général, lieutenant-général, de quatre ans en quatre ans, avancement rapide en pleine paix. Lorsque la Bavière, en compagnie de l'Autriche, s'élança dans cette coalition, que le fusil Dreyse dénoua si malheureusement pour les Sudistes à Sadowa, de Tann était chef d'état-major. Il venait d'être nommé général lors de l'incident Hohenzollern.

De Tann était entré à Woerth avant le 11ᵉ et le 15ᵉ

corps quand Fritz défit Mac-Mahon. C'est lui qui eut la tâche, le 30 août, d'attaquer de front le village de Beaumont. Le 1er septembre la prise et l'incendie de Bazeilles eurent pour contre-coup notre catastrophe de Sedan. A ce courage, à ce talent et aussi à ces flammes, on pouvait reconnaître le commandant du 1er corps bavarois.

17. — Il faut bien raconter ici un fait qui, tout en ne rentrant pas dans le cadre que nous nous sommes tracé, eut cependant la plus grande influence sur les événements qui se sont passés dans la vallée supérieure de la Loire et sur les bords de ses affluents de la rive droite.

Comme si ce n'était pas assez de ces malheurs, le 27 octobre Metz capitula; Gambetta lança une proclamation émue où il conviait les Français à élever leurs âmes et leurs résolutions à la hauteur du nouveau désastre; elle fut suivie de quelques-unes de ces grandes mesures que nous avons rapportées. Le ministre de la guerre accusait Bazaine de trahison, et s'il est certain aujourd'hui que le maréchal ne s'est rendu qu'à la dernière extrémité de vivres, et quand toute levée de blocus était impossible, les témoignages de plusieurs généraux placés sous ses ordres (Deligny et Clinchamp), les explications de Changarnier lui-même, les intrigues avec l'impératrice, prouvent qu'après les glorieux combats de Longeville, de Borny et de Gravellottes, le maréchal n'a pas fait ce qui était possible. Il n'a pas trahi la France, pour ceux-là seuls qui séparent la France de la République et de l'honneur, et qui pardonnent à un chef sa malhonnêteté politique et son ambition quand elles ont en vue le bien-être matériel de la patrie.

D'ailleurs les antécédents de Bazaine ne disposaient guère en sa faveur. Je citerai deux faits, l'un au début, l'autre à la fin de sa carrière. En 1832, de fourrier dans un régiment de ligne, il fut envoyé fourrier dans la légion étrangère, et il n'est d'usage d'envoyer dans la légion étrangère que les mauvaises têtes qui joueraient un mauvais rôle dans un régiment régulier, ou les soldats et officiers qui pour quelque faute ont à craindre le conseil de guerre. Or Bazaine n'était pas une mauvaise tête. Au Mexique, Bazaine avait réussi à se marier avec la fille d'une des plus riches familles du pays, mais qui appartenait aux ennemis les plus décidés de Maximilien. Il y avait réussi par toute sorte d'intrigues. L'empereur voulut lui faire don du palais de Buenavista ; le maréchal français, après avoir refusé au général Almonte, donna à entendre que sa femme pourrait bien l'accepter. Maximilien agréa cette proposition. Alors le mari de la donataire, auquel la municipalité de Mexico devait un logement ou le prix d'un logement pendant toute la durée de l'occupation, passa bail pour ce palais de Buenavista. Bazaine devint le locataire de sa femme et la municipalité de Mexico dut payer 50,000 francs par an à la nouvelle propriétaire.

Quant à la réputation militaire de Bazaine, elle nous a toujours paru reposer sur aucun fondement. Il n'a point les brillants états de services de Mac-Mahon qui prit Malakof, ou de Trochu qui, après avoir tenu seul toute la journée à Magenta, décida de la victoire de Solférino, ce qui valut un grade supérieur à Niel plus protégé de l'empereur. Bazaine avait seulement, comme plusieurs soldats français, trouvé le bâton de maréchal de France dans sa giberne.

18. — C'est ce qui fait que l'opinion du pays était avec Gambetta. Les surexcitations étaient telles que, dans nombre de villes du midi, des désordres se commirent. A Grenoble, à Perpignan, on accusa des officiers supérieurs de complicité dans les trahisons de l'empire, et dans cette dernière ville notamment, des scènes de férocité qu'on ne saurait trop réprouver se commirent contre des innocents, massacrés par la populace avec lenteur et sans pitié. Les préfets furent obligés d'emprisonner Cambriels, Barral et d'autres encore, pour les soustraire aux outrages et protéger leur existence. Une démonstration eut lieu à Tours, pour demander au ministre de la guerre la révocation de Bourbaki dont nous connaissons déjà la nomination mal accueillie; dans les villes du nord, il avait été mis en suspicion du jour de son arrivée.

Enfin à Paris, la capitulation de Metz, cachée par le gouvernement et révélée par l'indiscrétion de Rochefort à Flourens et de Flourens à Félix Pyat, fut le prétexte du soulèvement du 31 octobre. M. Thiers qui arrivait en ce moment de ce voyage auprès de tous les gouvernements européens où la République n'avait une fois de plus rencontré que la haine ou l'indifférence des vieilles monarchies, fut arrêté dans ses négociations avec la Prusse, et l'armistice de vingt-et-un jours fut refusé. Chose regrettable, car après Metz, les élections eussent été aussi bonnes qu'après Sédan. Mais l'échec des négociations de Versailles s'explique par une autre raison. Lorsque M. Thiers partit, Metz venait de capituler et le chancelier impérial qui commençait à soupçonner l'existence d'une nouvelle armée française de l'autre côté de la Loire, craignait avec raison qu'elle ne se mît en marche du côté d'Orléans, avant l'arrivée des troupes du prince Frédéric-Charles. Il entrait donc dans ses intérêts d'affecter au débat une attitude très-conciliante, de façon à gagner du temps.

19. — La capitulation de Metz, en laissant libres près de cent mille allemands, aggravait la situation de la France. Les forces que les provinces avaient eu à repousser jusque-là, consistaient seulement dans les divisions entrées en ligne à Toury et à Artenay, le 14e corps, sous le commandement du général de Werder qui opérait dans l'est, où il avait gagné les batailles de la Bourgonce et de Dijon, et le 13e corps, sous le commandement du grand duc de Mecklembourg qui avait fait le siége de Soissons et détaché des colonnes volantes de divers côtés. L'adjonction des forces de Frédéric-Charles les triplaient. L'armée d'investissement du nouveau feld-maréchal était composée de la réunion de deux autres : l'une sous le commandement primitif de Steinmetz, comprenant deux corps, le 7e et le 8e ; une seconde faite de quatre

corps que Frédéric-Charles avait amenés lui-même de Prusse.

Voici l'emploi que les Allemands en firent. Les deux corps qui avaient formé l'armée de Steinmetz furent de nouveau fondus en une seule armée, dont prit le commandement le général Manteufell, avec ordre de se porter à travers l'Argonne par Reims, Soissons et Compiègne, sur Amiens et Rouen. Un corps, le 27e fut dirigé sur Paris dont l'investissement était affaibli depuis le détachement des Bavarois de de Thann. Frédéric-Charles conserva le commandement des trois derniers et dut probablement opérer sur le centre et le midi de la France, car il descendit par Commercy sur Troyes. Quoique le plan prussien ne soit pas encore bien connu, il est raisonnable d'admettre que cette armée était destinée à marcher sur Nevers et Bourges, et à prendre de flanc nos forces de la Loire. Induction forcée, puisque toute la campagne, dans leurs grandes marches comme dans le détail, la tactique prussienne a préféré les mouvements tournants et ils lui ont réussi. C'est par un mouvement tournant qu'Orléans fut pris. Celui que Frédéric-Charles essayait en ce moment, ayant été prévenu par un véritable coup de théâtre, il le réitéra dans les premiers jours de décembre avec son 9e corps, général Manstein, qui vint passer la Loire à Blois, au-dessous de l'armée qui était son objectif. Au Mans, même plan, tendre de Vendôme sur Laval pour nous couper la route de Bretagne et nous acculer dans la presqu'île du Cottentin où convergeait un autre corps que nous verrons arriver de Normandie. **Les mobilisés d'Ile-et-Vilaine** en lâchant pied modifièrent le succès des Prussiens. Inutile d'insister sur le mouvement par Dôle, Mouchard et Pontarlier, qui rejeta Bourbaki en Suisse.

20. — Ceci n'empêchait pas nos préfets, nos sous-préfets, nos commandants militaires de tous grades, d'envoyer de bonnes nouvelles. Dans le canton de Jargeau, des éclaireurs parcouraient Gouy, le Dohier et Ligny-le-Ribaud ; ils avaient été attaqués et quatre d'entr'eux étaient restés morts sur le terrain. Nos mobiles et nos francs-tireurs avaient remporté des succès près de Fontainebleau et d'Évreux. Courville avait été évacué par l'ennemi en pleine déroute sur Chartres, après avoir perdu un officier, deux soldats tués, un prisonnier, opération où s'étaient distingués les mobiles de l'Orne et de l'Hérault. Retraite également de 1200 cavaliers qui occupaient Châteauneuf-en-Thimerais. Le 1er novembre, à deux kilomètres de Dreux, quelques tirailleurs girondins et vingt-cinq francs-tireurs d'Eure-et-Loir auraient mis en fuite un escadron de lanciers prussiens en lui tuant trois chevaux, cinq cavaliers et faisant un prisonnier. Le 3, les francs-tireurs de Tours, capitaine Hildenbrand, surprirent des cavaliers prussiens à Saumeray-sur-Loir. Ils tuèrent deux cavaliers, blessèrent un troisième qu'ils firent prisonnier et tuèrent aussi deux chevaux. Le même jour, les francs-tireurs de Clermont-Ferrand, capitaine Azais, tuèrent à Balancourt, près Courville, trois fantassins ennemis et en bles-

sèrent trois autres à Marcheville. Le 6, la mobile du Gard et les francs-tireurs de Paris, ayant fait une reconnaissance à Châteaudun, y surprirent un détachement de cuirassiers blancs ; vingt-cinq tués ou blessés tombèrent entre nos mains.

En résumé, toutes ces dépêches avaient trait à des reconnaissances faites par des Prussiens. Celles-ci, un coup le terrain examiné, ou, en face de forces imposantes, rebroussaient chemin volontairement, sans mettre un faux point d'honneur à faire une résistance glorieuse. Cette résistance ne rentrait pas dans le plan du général en chef et pouvait même en compromettre le succès. Quand trois hulans tournaient bride en les apercevant, nos officiers chantaient victoire, sans se douter que ces hulans n'avaient pas d'autre but que de savoir où ils étaient, et c'était chose faite.

—

LIVRE IV

COULMIERS

1. — L'armée du général La Motterouge, c'est-à-dire le 15ᵉ corps, s'était retiré sur la rive gauche de la Loire, et avait rejoint un second corps qui était en formation à Bourges. Le général de Paladines avait

introduit une discipline de fer dans ses troupes. Des exécutions quotidiennes, implacables, réfléchies, transformèrent la physionomie des vaincus d'Artenay. La délégation de Tours avait en même temps pourvu ces deux corps d'armée d'une artillerie considérable, et au moment où l'on apprit la reddition de Metz, ces forces étaient presqu'en mesure d'entrer en campagne.

Le nouveau commandant de l'armée de la Loire était sorti de l'Ecole de Saint-Cyr sous la Restauration, en 1823. Naturellement il débuta hors France, par l'Afrique. Ses notes, dès ses premiers pas dans la carrière militaire, furent celles d'un officier sévère pour lui comme pour ses inférieurs. A une grande érudition, qui se manifestait surtout par une adoration pour la poésie d'Horace, d'Aurelles de Paladines mêlait un caractère emprunt d'exactitude, qui même allait parfois jusqu'à la sécheresse. Il obtint un avancement mérité. En 1854, lorsque la guerre éclata contre la Russie, d'Aurelles de Paladines alors général de brigade partit un des premiers pour l'armée de Crimée, où il gagna bien vite un nouveau grade et la décoration de grand-officier. Il revint en France à la paix, et resta à Marseille où il se trouvait encore lors de la campagne d'Italie. Le général désirait ardemment faire cette guerre, mais Marseille port d'embarquement, était devenu une sorte de base d'opérations. On avait besoin d'y maintenir un homme sachant faire lever toutes les difficultés pouvant résulter des nombreux transports de guerre dirigés sur l'Italie. Enfin, on avait des raisons politiques vis-à-vis de cet homme énergique et sûr. Il fut donc conservé au commandement de la 9e division militaire, poste dans lequel il rendit de véritables services à la France, et..... à l'empire. Un peu plus tard, lorsque les cartes parurent se brouiller du côté de l'Allemagne, le général d'Aurelles fut appelé au commandement territorial le plus important, celui de la 5e division militaire, comprenant Metz. Il quitta cette ville, où il fut remplacé par Coffinières, lorsqu'il atteignit l'âge fixé pour passer dans la deuxième section du cadre d'état-major. En récompense de près d'un demi-siècle de services militaires, il fut élevé à la dignité de grand-croix de la Légion d'honneur, et rentra dans la vie paisible, ne se doutant pas alors qu'avant deux ans il serait appelé à offrir son épée à sa patrie. Il avait fait tout son chemin dans l'arme d'infanterie.

2. — Cependant les bonnes nouvelles se succédaient dans les colonnes du journal officiel, et quoique grossies d'importance, elles n'en étaient pas moins l'indice de plus sérieux succès et le premier sourire de la fortune. Dans l'arrondissement de Romorantin on put tenir les Prussiens à distance. A Lailly, entre Meung et Saint-Laurent-des-Eaux, une reconnaissance ennemie, composée d'un peloton d'infanterie, de deux cent cinquante cavaliers et de deux pièces d'artillerie, avait été culbutée. Quatre hommes furent tués aux Prussiens, nous avions fait deux prisonniers. Une seconde fois, c'était nos reconnaissances qui avaient été attaquées sur la rive gauche à

Blois, mais une section de chasseurs à pied avait forcé l'ennemi à la retraite, lui avait tué trois hommes en n'en perdant qu'un. A Saint-Laurent-des-Eaux même, il y avait eu un engagement entre des hulans et de la cavalerie française, quinze hulans avaient été tués.

Au commencement de novembre, l'armée de la Loire, composée maintenant de deux corps, avait à moitié passé sur la rive gauche; massé derrière la forêt de Marchenoir, le 16e corps sous le commandement d'Aurelles de Paladines, allait se précipiter sur Orléans, tandis que le 15e, sous Martin des Pallières, attendait sur les confins du Cher. Le général de Thann qui occupait cette ville avec le 1er corps bavarois, finit par concevoir des alarmes, que justifia complètement la journée du 7 à Saint-Laurent-des-Bois. Ce fut le premier succès véritablement digne de ce nom remporté par nos forces.

Vers onze heures, une colonne ennemie, composée de deux bataillons, quinze cents cavaliers et dix pièces d'artillerie, venant de la direction de Bacon, et se prolongeant le long de la forêt de Marchenoir, attaqua successivement nos avant-postes de Poisly à Saint-Laurent-des-Bois. L'engagement fut sérieux à la hauteur de Vallières, mais un bataillon de chasseurs à pied et deux mitrailleuses débouchant à midi par Saint-Laurent-des-Bois, refoulèrent l'ennemi entre Vallières et Villeclair. D'autres renforts nous arrivèrent encore sur le lieu du combat, et l'ennemi menacé par la cavalerie qui tournait Vallières, se retira à **3** heures 30 dans la direction de Chanteaume, laissant entre nos mains soixante-quatre prisonniers, dont un officier ; deux officiers et cinquante hommes morts ou blessés étaient étendus sur le terrain, de son côté. Du nôtre, nous comptions quatre morts et une trentaine de blessés, dont le commandant des chasseurs à pied et un officier.

3. — On ne laissa pas au général de Thann le temps de se remettre, il fut violemment attaqué le 9 et le 10 par des forces considérables.

Je vais emprunter le rapport du général d'Aurelles de Paladines, qui fut nommé commandant en chef de l'armée de la Loire, après la bataille de Coulmiers, livrée le 9 novembre. Après avoir dit que l'attaque des Prussiens et la marche sur Orléans par la droite de la Loire qui depuis plusieurs jours avait été décidée dans un conseil de guerre tenu à Tours, n'avaient pas reçu de suites immédiates, à cause des circonstances survenues au moment d'exécution du mouvement de concentration, le document s'exprime en ces termes :

« Le 5 au soir il fut décidé d'après les instructions reçues du ministre de la guerre que l'on reprendrait cette opération, et le général des Pallières établi à Argent et Aubigny-ville, reçut l'ordre de partir le lendemain 6, pour se diriger par Gien et la forêt d'Orléans, sur cette dernière ville, en lui laissant toute liberté de mouvement, de manière à arriver le 10 au soir ou le 11 au matin, suivant les événements. Le reste des troupes qui était établi sur la droite, en avant de la forêt de Marchenoir, depuis Mer jusqu'à Vievy-le-Rayé, ne devait se porter en avant que le 8, afin de donner au général des Pallières le temps de faire son mouvement. Dans la matinée du 8, l'armée vint occuper les positions suivantes : les généraux Martineau et Peitavin s'établirent entre Messas et le château du Coudray ; le général de Chanzy entre le Coudray et Ouzouer-le-Marché ; le général Reyau avec sa cavalerie, à Prenonvillon et Péronville, le quartier général à Poisly.

« L'ordre de marche pour la journée du lendemain portait : qu'une partie des troupes du général Martineau irait prendre position entre le Bardou à droite et le château de la Touanne à gauche, que le général Peitavin s'emparerait successivement de Bacon, de la Renardière et du Grand-Luss, pour donner ensuite la main à la droite du général de Chanzy, en vue d'attaquer le village de Coulmiers, où d'après nos renseignements l'ennemi s'était fortement retranché. La réserve d'artillerie et le général Dariès avec les bataillons de réserve devait soutenir ce mouvement. Le général de Chanzy devait exécuter par Charsonville, Epieds et Gemigny un mouvement tournant, appuyé sur la gauche par la cavalerie du général Reyau, lequel avait pour instruction de chercher à déborder autant que possible l'ennemi par sa sa droite. Les francs-tireurs de Paris, sous les ordres du lieutenant-colonel Lipowski, avaient ordre d'appuyer sur la gauche le mouvement de cavalerie.

5. — « Le 9, dès huit heures du matin, toutes les

troupes se mirent en route après avoir mangé la soupe. La portion des troupes du général Martineau, désignée pour agir sur la droite, effectua son mouvement sans rencontrer l'ennemi. Une moitié des forces commandées par le général Peitavin, enleva d'abord le village de Bacon, et se dirigea ensuite sur le village de la Rivière et le château de la Renardière, où l'ennemi était fortement établi, dans toutes les maisons du village et dans le parc. Cette position vivement attaquée par trois bataillons, le 16e bataillon de chasseurs de marche, un bataillon du 16e de ligne et un du 33e de marche, fut enlevée malgré tous les efforts de l'ennemi pour s'y maintenir; dans cette attaque, dirigée par le général Peitavin en personne, qui ne pouvait être soutenu que très-difficilement par l'artillerie, parce que nos tirailleurs occupaient une partie du village, nos troupes déployèrent une vigueur remarquable.

« L'autre moitié des troupes du général Peitavin se portait en avant, tandis que la position de la Renardière était enlevée, occupait le château du Grand-Luss sans trouver de résistance, et faisait appuyer sa gauche vers le village de Coulmiers. Sur la gauche, les troupes du général Dariès marchaient par Champdry et Villarceau qui étaient le centre de la ligne ennemie et qui étaient très-fortement occupés. Arrêtés dans leur marche par l'artillerie prussienne, elles ne purent arriver que vers deux heures et demie à Coulmiers, devant lequel se trouvaient déjà les tirailleurs du général Peitavin. Ces tirailleurs, auxquels se joignirent les tirailleurs du général Barry, se jetèrent au pas de course, au cri de Vive la France! dans les jardins et le bois qui sont au sud de Coulmiers, y pénétrèrent malgré la résistance furieuse de l'ennemi, mais ne purent se rendre maîtres du village. L'ennemi qui s'y était retranché, et qui avait accumulé sur ce point une grande partie de ses forces et de son artillerie, faisait les plus grands efforts pour s'y maintenir, afin de protéger la retraite des troupes de sa gauche, qui se trouvaient d'autant plus compromises que notre mouvement en avant s'accentuait davantage. Pour faire cesser cette résistance, le général en chef appela le général Dariès et la réserve d'artillerie; celle-ci s'établit en batterie à la hauteur du Grand-Luss, et après un feu des plus violents, de plus d'une demi-heure, finit par réduire au silence les batteries de l'ennemi. En ce moment les tirailleurs soutenus par quelques bataillons du général Barry, reprirent leur marche en avant et pénétrèrent dans le village, d'où ils chassèrent l'ennemi vers quatre heures du soir.

« Dans cette attaque, les troupes du général Barry, 7e bataillon de chasseurs de marche, 31e régiment d'infanterie de marche, et 22e régiment de mobiles (Dordogne), montrèrent beaucoup de vigueur et d'entrain.

6. — « A gauche du général Barry, une partie des troupes du contre-amiral Jauréguiberry, éclairées sur leur gauche par les francs-tireurs du commandant Liénard, traversèrent Charsonville et Epieds, et arri-

vèrent devant Cheminiers où elles furent assaillies par une grêle d'obus. Elles déployèrent leurs tirailleurs, mirent leurs batteries en position et continuèrent leur marche, en ouvrant un feu de mousqueterie. La lutte que soutinrent ces troupes fut d'autant plus sérieuse, qu'elles furent longtemps exposées, non-seulement au feu partant de Saint-Sigismond et de Gemigny, qui étaient devant elles, mais encore de ceux de Coulmiers et de Rozière, qui n'attiraient pas encore l'attention du général Barry; il était à peu près deux heures et demie. A ce moment, le général Reyau fit prévenir le général Chanzy que sa cavalerie avait éprouvé une sérieuse résistance, que son artillerie avait fait de grandes pertes en hommes et en chevaux, qu'elle n'avait plus de munitions et qu'elle était dans l'obligation de se retirer. Pour éviter un mouvement tournant que l'ennemi aurait pu tenter par suite de cette retraite, le général Chanzy, qui dans cette journée a montré du coup-d'œil et de la résolution, porta sa réserve en avant, dans la direction de Saint-Sigismond, en la faisant soutenir par de l'artillerie de réserve.

« Le contre-amiral Jauréguiberry était parvenu à faire occuper le village de Champ par un bataillon du 37ᵉ, mais à peine arrivé, attaqué par de l'artillerie et des colonnes d'infanterie qui entraient en ligne, ce bataillon dut quitter le village. L'énergique volonté de l'amiral parvint cependant à nous maintenir dans nos positions jusqu'à quatre heures et demie, où l'arrivée d'une batterie de 12 réussit à maîtriser l'artillerie ennemie; pendant ce laps de temps, le 37ᵉ de marche et le 33ᵉ de mobile ont été grandement éprouvés. A 5 heures toutes les troupes du contre-amiral Jauréguiberry se portèrent à la fois en avant, et s'emparèrent au pas de charge des villages de Champ et d'Ormeteau. Après la prise de ces villages, dont le dernier avait été soigneusement crénelé et admirablement disposé pour la défense, l'ennemi en pleine retraite, fut poursuivi, tant qu'il fit clair, par le feu de notre artillerie. »

7. — Notre cavalerie, sous la pluie et la neige qui étaient tombées la veille et qui continuèrent le lendemain, ne put jouer un rôle aussi actif. Cependant une reconnaissance poussée jusqu'à Saint-Péravy-la-Colombe par le 1ᵉʳ hussards, malgré les chemins détrempés, s'empara de deux pièces d'artillerie, d'un convoi de munitions et d'une centaine de prisonniers, dont cinq officiers. Qui le croirait ? à l'heure où j'écris, ce haut fait n'a pas été récompensé : un maréchal-des-logis qui chargea, ayant sur la tête le chapeau qu'il avait enlevé à un officier supérieur prussien, attend encore la croix promise.

Nous avions fait plus de 2000 prisonniers, sans compter tous les blessés; il est digne de remarque, qu'on trouva dans les fourgons capturés, des glaces, des pendules, des châles, des dentelles et autres objets précieux; les prisonniers étaient aussi porteurs de bijoux de femmes; ce qui est une preuve suffisante des déprédations commises dans l'Orléanais par les troupes bavaroises.

Nous avions eu dans cette journée cinq cents hommes tués ou blessés ; parmi les morts on comptait le colonel Foulanges, du 31ᵉ de marche ; le général de division Ressayre, commandant la cavalerie du 16ᵉ corps, avait reçu un éclat d'obus qui l'avait grièvement blessé.

Le retard du général Reyau qui n'avait pu couper la retraite de l'ennemi sur Artenay et Patay, fut la seule cause qui nous empêcha d'anéantir l'armée de de Thann. Tout le monde n'est pas d'accord sur l'imputation de ce retard, à la résistance insurmontable des Prussiens.

En somme, l'honneur de cette journée revient au général Chanzy, et après lui au contre-amiral Jauréguiberry. Le commandant en chef l'avoue dans son rapport, avec une modestie dont il faut lui savoir gré. Les efforts de Coulmiers entraient en effet dans les prévisions de l'état-major, mais les luttes d'Epieds, Charsonville et Gémigny d'une part, celle de Champ et d'Ormeteau de l'autre, avaient pris une face que ne soupçonnait pas le plan imaginé au quartier-général. Cependant nos deux généraux en avaient triomphé, celui-ci par sa vaillance, en montrant à l'armée de terre étonnée et jusque-là un peu jalouse, qu'il savait faire mouvoir les régiments aussi bien que les vaisseaux ; celui-là, en suppléant aux lacunes du projet général par une de ces improvisations accomplies de sangfroid, qui prouvent qu'on n'est pas le premier venu.

8. — Le soir de la bataille de Coulmiers, d'Aurelles

de Paladines avait établi son quartier-général à Saint-Jean-de-la-Ruelle, près d'Orléans; il fut obligé de faire la besogne de Martin des Pallières, comme Chanzy avait fait la sienne. Voyant les Prussiens évacuer la ville, il fit entrer une partie de ses troupes par la rive gauche de la Loire; elles surprirent au chemin de fer les derniers Bavarois qui se rendirent. Les canons qui défendaient le pont, deux forts modèles Krupp furent pris. Martin des Pallières, pendant ce temps, était encore à Chevilly, à 14 kilomètres d'Orléans. Ayant attendu pour se mettre en route de Gien, que le son du canon arrivât jusqu'à lui, c'est-à-dire que la bataille fût commencée, il eut beau faire marcher ses troupes pendant quatorze heures, tous les résultats qu'on aurait pu attendre d'une marche de flanc étaient perdus.

Néanmoins, cet événement fut une joie nationale, un *Te Deum* fut chanté par Monseigneur Dupanloup, *Te Deum* auquel le général d'Aurelles assista, tête nue, et on se reprit à espérer. Le 11 novembre la circulation était rétablie sur la route d'Orléans à Vierzon, elle n'allait pas tarder à l'être sur celui d'Orléans à Tours. Le 14 novembre, M. Gambetta se rendit au quartier-général à Luss, et félicita les troupes au nom du gouvernement, d'avoir ramené la victoire depuis trois mois déshabituée de nos drapeaux, les comparant à de vieilles troupes, ne faisant consister la supériorité prussienne que dans le nombre des canons, et les engageant à ne pas perdre de vue le but national, la délivrance de Paris que les Prussiens menaçaient de pillage, de bombardement et de famine. Le soldat applaudit, et un instant on put se croire transporté aux beaux jours d'enthousiasme de 1792, mais n'était-ce pas ce même corps, auquel Crémieux et Glais-Bizoin avaient fait avant la prise d'Orléans, pareille visite avec pareil succès.

9. — La victoire de Coulmiers est-elle le résultat d'un heureux hasard, ou peut-elle être mise sur le compte d'éléments qui se sont rencontrés pendant toute la guerre, et qu'ailleurs on n'a pas su utiliser. L'avenir se posera cette question, qui me semble facile à résoudre, pourvu qu'on se donne la peine d'y réfléchir un peu. C'est notre caractère national, c'est ce qu'on a célébré sous le nom de Furia francesa, et dont j'ai déjà examiné une face, qui nous a valu cet avantage. De Wissembourg au Mans, cette qualité qui nous est propre, n'a pas rencontré un autre jour son milieu. Dans le livre II, j'ai soutenu que pour être victorieux, il fallait que nous combattions de près; maintenant j'affirme de plus qu'il fallait toujours attaquer, et nous n'avons jamais su nous tenir que sur la défensive. Lors même que nous faisions une marche en avant, nos positions prises, on attendait. Outre la vitesse acquise, qui donne la force à l'agresseur, il est certain que l'attaqué ne sait jamais bien dans le début de l'affaire où faire face à l'ennemi, et qu'il est forcé d'improviser un plan, quand les soldats de l'autre camp opèrent avec un préparé de longue date par leur chef. Enfin, pour nous, Français, l'enthousiasme ne s'acquiert point; si par hasard il résulte d'une

lutte partielle, il se refroidit vite, et nous aurons beau faire, nous n'acquerrons jamais ces qualités de résistance qui font les troupes de réserve. Si nous avons eu la vieille garde qui fit exception à Waterloo, c'est par suite d'une longue série de guerres; en d'autres temps les réserves n'ont fait que perdre l'armée, chez elle la discipline ne donne aucune force, l'entrain leur fait défaut.

En Prusse, au contraire, si l'on n'a pas nos vertus guerrières, nos mauvais côtés n'existent pas. La France est une nation primesautière, son génie est un génie de risque-tout, prompt aussi à passer de l'ardeur au marasme. Mais qui pourra dire de quoi est capable son premier jet ? Nous n'avons attaqué que deux fois dans cette guerre, à Toury et à Coulmiers, nous fûmes vainqueurs sur toute la ligne. A chaque sortie qu'a fait Paris ou Metz, les avantages au début ont été exorbitants, et peu s'en fallut que les lignes ne fussent percées. Si elles ne l'ont pas été, c'est que le second jour, ou même dans la seconde partie des opérations comprises dans vingt-quatre heures, l'élan des troupes éprouvait un réfrigérant, soit par la soi-disant nécessité de s'affermir sur les positions conquises, soit par le scepticisme du général en chef. Alors l'ennemi moins pressé reprenait courage, d'assailli il devenait assaillant, et nous ne savions garder ce qui venait d'être conquis. N'est-il pas ainsi de tout, dans notre malheureux pays, même de la chose principale, la liberté? Que de sang a été versé pour son obtention? Ce qui n'a pas empêché, tantôt de la compromettre par l'absence de modération, tantôt de ne pas savoir la défendre, quand elle était injustement menacée. Beaux rivages qui semblent sur l'océan des âges fuir, par un mirage, au fur et à mesure que nous croyons faire sur notre navire, un tour de roue ou donner un coup de rame pour nous en rapprocher.

10. — Les événements qui suivirent jusquà la seconde évacuation d'Orléans par nos troupes, sont entourés d'obscurité. Le gouvernement de Bordeaux avait commandé le silence sous les peines les plus sévères, les bulletins Prussiens retrouvés dans les journaux étrangers sont des énigmes. Cependant voici ce que nous croyons la vérité. Le corps battu du général de Thann, était resté cantonné entre Toury et Étampes, et il avait immédiatement appelé du secours. On lui envoya la division de cavalerie du prince Albrech qui avait déjà opéré dans ces contrées, la division Witich, la 22e (Hesse), qui s'était emparée de Chartres, pendant que de Thann battait La Motterouge à Artenay, la 17e (Holstein) général de Treskow. Le duc de Mecklembourg qui commandait le 13e corps, fut mis à la tête des forces réunies, y compris le corps de de Thann; c'était un effectif d'environ 70000 hommes. Elles devaient marcher sur l'armée de l'ouest par Dreux, la Loupe et Nogent-le-Rotrou, menacer le Mans, et tendre par Châteaudun sur Orléans en tournant l'armée de la Loire, privée ainsi de ses renforts par une défaite de Frièreck, et par la crainte qui retiendrait au camp de Conlie, pour

la défense du Mans, les autres forces disponibles.

En même temps, l'on donnait l'ordre à Frédéric-Charles, qui était à la tête de trois corps, d'abandonner son plan primitif de marche sur Nevers, et de se porter sur Orléans, par la route de Fontainebleau, Malesherbes et Pithiviers, ainsi que par la route de Troyes, Sens et Montargis. Celui-ci était arrivé à Troyes le 9 novembre, et cette marche peut sembler extraordinaire, car Metz avait capitulé le 27 octobre. Mais il est à considérer qu'elle s'opérait, sauf les deux ou trois premières étapes dans un pays riche, qui n'avait pas encore vu l'ennemi, où les réquisitions se levaient sans difficulté, et où le gouvernement de Tours, vu l'éloignement et la pénurie de ses ressources, n'avait été capable d'organiser aucune défense sérieuse.

11. — Dès le 11 au matin, les troupes qui d'après le plan primitif devaient se reposer deux ou trois jours, et marcher ensuite sur Auxerre, se remirent en route dans la direction de Sens. Mais leur marche fut moins facile que dans le département de l'est. Les francs-tireurs embusqués derrière les buissons, causaient des pertes sensibles, et de plus, dans la forêt de Fontainebleau les chemins étaient interceptés par des abatis d'arbres et des tranchées, à travers lesquels l'armée d'invasion était obligée de se frayer un passage.

Ainsi le 13 novembre, 47 de ses hulans entrés à Nemours furent enlevés et surpris pendant la nuit. Ce furent les mobiles de Seine-et-Marne, qui habillés depuis huit jours, armés et incorporés depuis trois jours, accomplirent ce hardi coup de main. Trois compagnies de mobiles partirent en silence à 1 heure 3/4 de leurs cantonnements, arrivèrent à Nemours, et à 2 heures, l'attaque de la maison où les hulans s'étaient retranchés, commença. Après un combat d'une heure environ, 42 hulans avec deux officiers se rendaient, trois étaient tués, deux réussissaient à s'enfuir; nous n'eûmes que deux hommes légèrement blessés, les prisonniers avaient été faits avec armes et fourniment. Mais le lendemain, le corps d'armée entier arrivant, la gare et plusieurs maisons furent brûlées par vengeance. Le 18, huit hulans arrivés à 2 kilomètres de Ferrières, furent repoussés par des gardes nationaux, qui tuèrent un homme et deux chevaux ; le 19, dix-sept cavaliers Prussiens s'a-vancent jusque dans un faubourg de Montargis; l'un d'eux tire sur un poste de garde nationale, qui riposte et tue un homme, un second Prussien est fait pri-sonnier. Néamoins Frédéric-Charles arriva le 19 à Pithiviers et y établit son quartier général.

L'armée du général Manteufel qui se dirigeait de Metz vers le nord avait reçu des instructions, pour avoir à se rabattre sur Paris, à première réquisition. La position de l'armée d'investissement était très-critique, de très-grandes inquiétudes régnaient à Ver-sailles.

12. — Cependant, le général de Paladines s'était contenté de faire camper quelques divisions sur le premier quart de la route de Paris à Orléans, entre Chevilly et Artenay. Il se retranchait et paraissait

vouloir rester à poste fixe dans la ville qu'il venait d'occuper. Que se passait-il donc? une chose tristement simple, l'armée de la Loire n'était pas encore prête. Deux corps seulement ont pris part à la marche sur Orléans, et l'armée de la Loire devait se composer de quatre corps ; le général attendait donc que toutes ces troupes pussent entrer en ligne. De plus, le plan de Trochu, ce fameux plan déposé chez son notaire, qu'il a exposé à la réunion des maires, au milieu de janvier, et que la Chambre lui a donné deux jours pour détailler, ce plan que Gambetta avait apporté par écrit, et reçu l'ordre du gouvernement de la défense nationale de faire exécuter, semblait impossible à Aurelles de Paladines. Sortir de Paris comme il l'a fait le 19 janvier à Montretout, protégé par les feux du Mont-Valérien, mais en laissant la garde nationale dans la ville, que dis-je la garde nationale? 50000 hommes même de l'armée active, tourner Versailles et gagner la Normandie en appuyant sa droite sur le fleuve, pendant que l'armée de la Loire se dirigerait par la vallée du Loir, d'Orléans sur Chartres, en laissant également Versailles sur sa droite, tel était ce plan, dont on fit tant de bruit, qui peut aller de pair avec les huit mille malades de la civilisation parisienne, le luxe anglais et la corruption italienne. Aurelles de Paladines ne voulait pas l'exécuter, car c'était l'homme fidèle au principe de la tactique écrite, et Jomini dit quelque part, qu'autant la ligne intérieure est bonne autant la ligne extérieure est mauvaise. Quand Napoléon fit cette fameuse campagne de

1814 qui mit le comble à sa gloire militaire, en
montrant qu'il réunissait les qualités de Turenne à
celles de Condé, il manœuvrait entre deux armées,
celle de Schwarzemberg qui s'avançait par la
vallée de la Seine, et Blücher qui s'avançait par la
vallée de la Marne, c'était la ligne intérieure. Il
vainquit les Prussiens à Champaubert, à Montmirail,
à Château-Thierry, à Vauchamps; les Autrichiens à
Mormant, à Nangis, à Donnemarie, à Montereau, à
Méry-sur-Seine, à Troyes, et livrant en un mois quatorze batailles, remporta douze victoires, et défendant
sa capitale contre trois grandes armées ennemies, les
força d'accepter le congrès de Châtillon. Lorsqu'au
début de cette guerre le triste héritier d'un grand nom
imagina de déboucher en Prusse par la vallée de la
Moselle, en tournant l'aile droite des ennemis, leur
gauche descendit par la Sarre et lui prouva une fois
de plus cette maxime de guerre, que nul ne risque
plus d'être tourné, que celui qui cherche à tourner.
C'était la ligne extérieure. Chaque fois qu'on la pren-
dra, on risquera d'être rejeté en Suisse comme
Bourbaki, qui voulut faire ou fut contraint de faire
de la nouvelle école, quand il était si simple de
chercher à couper les ravitaillements prussiens plus
proche de Paris et moins près de leurs frontières.

Aurelles de Paladines, soit par amour du classique,
soit qu'il ne se crût pas assez de génie pour se passer
d'études voulait marcher sur Paris par la forêt de Fontainebleau, entre Mecklembourg et Frédéric-Charles.
Il fut un moment où les avant-postes n'étaient pas

très-loin du but. Trochu fut longtemps à démordre de son idée. Enfin ayant consulté son état-major parisien, il se décida à faire sa sortie sur la Marne, et s'entendit avec Gambetta pour une action combinée.

13. — Tandis que les Prussiens semblaient pour un instant perdre de vue l'armée de la Loire, nos troupes continuaient leurs avantages. A Cléry, un détachement de gardes mobiles avait surpris l'ennemi requérant huit voitures de fourrages et les avaient repris. Le 11, en avant de Patay à Rouvray, les francs-tireurs de Paris tuèrent un cuirassier blanc et en prirent trois; le 13, accompagnés d'un détachement de cavalerie, ils firent prisonniers, dans la direction d'Orgères, un sous-officier, et un cuirassier blanc. Le 14, le lieutenant Calignon du 2e de cavalerie legère mixte et huit cavaliers en reconnaissance, prirent en avant de Dombron, près des avant-postes prussiens, un lieutenant de hussards Blucher de Poméranie et son ordonnance; cet officier était seul et en reconnaissance. Le même jour, près d'Orgères, les francs-tireurs de Paris tuaient quelques cavaliers prussiens, cuirassiers, et reprenaient des réquisitions. Le 16 novembre, deux compagnies, sous la conduite du lieutenant-colonel Lipowski, se portèrent sur Viabon avec un peloton de chasseurs, le village était occupé par de la cavalerie ennemie; une vingtaine de hussards furent tués, une dizaine blessés, dont plusieurs laissés sur le terrain; quatre prisonniers furent faits, quelques chevaux furent pris. Le

lendemain, Lipowski encore rencontra un escadron de hussards venant de Janville, auxquels il tua et blessa quelques hommes. Le même jour, quatre cents cavaliers ennemis se présentent à l'entrée de Bonneval ; ils furent immédiatement repoussés et poursuivis par des détachements de débarquement de la marine, sous la conduite du capitaine de frégate Collet. L'ennemi avait mis le feu au bois de Feugères et au Perruchet, village situé à 5 ou 6 kilomètres de Bonneval. Le 21, les éclaireurs girondins rencontrèrent, à Yèvres, 600 hulans ; l'ennemi eut deux hommes tués ; les Prussiens avaient mis le feu à Meslay-le-Vidame, et emmené quelques habitants à la Bourdonnière et à Saint-Loup ; on signalait des reconnaissances ennemies journalières. Le 23 novembre, dix-sept éclaireurs ennemis s'étant présentés à deux kilomètres de Bonneval, les zouaves pontificaux allèrent à leur rencontre ; ils en tuèrent douze.

14. — Ces combats sont ingrats, ce ne sont que des dépêches, mais on voit cependant un homme toujours sur la brèche ; c'est le comte Lipowski avec ses francs-tireurs. Nous l'avons vu à Ablis, à Châteaudun, nous le verrons dans le Perche avant la bataille du Mans, à Alençon, quelques jours après ; il était devenu la terreur des Prussiens. Chaque homme qui tombait frappé par une balle invisible partie d'une haie ou d'un mur, c'était une dette qu'ils se promettaient bien de régler avec le lieutenant-colonel, et en entrant dans chaque village, ou à chaque prisonnier

qu'ils faisaient, la première question était de s'informer de son cantonnement.

D'origine polonaise, ainsi que la terminaison de
son nom l'indique, Lipowski n'en était pas moins né
sur le sol français; il avait conservé le goût de ses
ancêtres pour la défense nationale, et malgré le lâche
abandon de sa patrie par la nôtre, il n'hésita pas à
reprendre le rôle de Poniatowski qui avait péri dans
l'Elster en 1813, à la tête de ses lanciers. Sorti de
Saint-Cyr, il était capitaine de cavalerie en Afrique,
quand la guerre éclata. Il chercha à obtenir de l'empire la permission d'organiser des compagnies de
francs-tireurs; elle lui fut obstinément refusée. Ce
ne fut qu'après Sédan que le gouvernement du 4
septembre revint sur la conduite de Bonaparte. Il
recruta alors ce corps qui deux fois reformé, sous le
nom de francs-tireurs de Paris et francs-tireurs de
Fontainebleau, rendit les services que l'on sait. Quand
éclata la guerre civile, il fut mis en suspicion, à cause
de son lieutenant La Cécilia, que la commune avait
mis à la tête d'une partie de ses troupes. Ceci ne l'empêcha pas d'offrir à M. Thiers d'envoyer à Paris un
homme sûr, et de s'engager sous peu de jours, à retirer tous ses soldats de l'insurrection; et si M. Thiers
l'eût écouté, il eût fait comme il le disait, tant il avait
d'influence et de prestige sur ces mauvaises têtes, et
leur avait inspiré de dévouement, malgré la discipline
de fer à laquelle elles étaient soumises !

Le général a de trente à trente-cinq ans, sa taille,
au-dessus de la moyenne, a une certaine tendance à

l'embonpoint, ses traits sont mâles et réguliers; sa bouche petite est couverte d'une moustache cirée, longue et fine, comme il convient à un militaire; ses cheveux noirs et abondants encadrent bien sa figure; ses yeux bleus, quoique doucement expressifs, s'impreignent à certains moments, de cette énergie indomptable, dont il a fait preuve dans la défense d'Alençon et de Châteaudun. D'un caractère naturellement gai, le comte Lipowski a l'habitude du silence en ce qui le concerne. Il ne racontera jamais un épisode de la campagne, sans en être prié. Il le fait alors avec une bonhomie et un naturel qui rendent son récit très-attachant. Le général avait épousé avant la guerre une ravissante jeune fille; il est dans l'intention de se retirer en Pologne, dans une terre de famille.

15. — Ceci m'amène naturellement à parler des francs-tireurs. On a dit beaucoup de bien et beaucoup de mal de ces corps; il est certain qu'ils étaient mal recrutés. Dans leurs rangs, on comptait généralement tous les anciens soldats qui n'avaient pu, à leur sortie du service, se faire une position civile honorable; des exaltés de tous les partis, incapables de supporter aucun supérieur régulier, les infiniment petits artisans que la guerre avait privés de leurs bénéfices, tels que baladins, remouleurs, attrapeurs de chiens et autres jouissant de peu de considération, pas mal d'ivrognes et parfois des repris de justice. Certaines compagnies même ont été composées avec le triage des colonies pénitentiaires. A la tête de ces gens, dont l'indiscipline et la révolte, témoin les tirailleurs de

la Gironde amenaient la dissolution, se trouvaient des officiers en disponibilité, pour des causes qui trop souvent frisaient l'honnêteté. Parfois, c'étaient de grands propriétaires qui, par un commandement spécial, espéraient parvenir plus facilement à se faire remarquer, pour obtenir la croix ou les suffrages électoraux aux prochaines élections. Aussi sur cent compagnies de francs-tireurs, cinq à peine faisaient plus de mal à l'ennemi qu'à nos populations. Cependant il y eut un tel engouement pour la formation de ces corps, parmi les villes éloignées des bases de leurs opérations, qu'il n'est guère d'arrondissement qui n'ait eu son corps franc ; des chefs-lieux de canton en ont eu même plusieurs.

Comme auxiliaires et avant-garde de l'armée, les francs-tireurs cependant ont une incontestable supériorité. D'ailleurs qui ne sait que les deux extrêmes se touchant, et la nature humaine se développant parallèlement dans tous les sens, les mauvais sujets étaient plus capables d'action d'éclat que ce qu'on est convenu d'appeler l'honnête homme. Y a-t-il mieux que les zouaves et les marins ? Ces mêmes soldats, lorsqu'ils sont à terre ou en caserne, indomptables par toutes les punitions et se souciant, comme de leur peau, d'une instruction qui pourrait leur donner de l'avancement, font le désespoir de la civilisation. D'un autre côté, qui fait de meilleurs soldats que ces intraitables et sceptiques gavroches de Paris ? Dans la première révolution, leurs exploits et le nombre des généraux et officiers supérieurs sortis de leurs rangs, sont innombrables. Le résidu des journées de février 1848 forma ces gardes mobiles des journées de juin, dont le courage fit l'admiration de la France et le bénéfice de la cause réactionnaire. Enfin comment se sont battus les communeux en 1871. Trop bien, je crois, pour l'art et l'humanité. Leur attitude n'a-t-elle pas été la condamnation la plus évidente des allégations de Trochu qui ne voulait pas les faire sortir, sous prétexte qu'ils ne se battraient pas. Cependant aux deux fois qu'il leur a fait cette condescendance suprême, pour un soldat entiché de l'armée régulière, de vouloir bien les employer en seconde ligne au Bourget, mobiles, ils se sont fait tuer plutôt que de se rendre, dans une position impossible à conserver et où le général en chef n'avait pas daigné envoyer de secours ; mobilisés, à Montretout, ils sont restés 1700.

16. — Les Prussiens, sous la conduite du grand-duc de Mecklembourg, mettaient à exécution le plan indiqué. Le 8 novembre Châteauneuf-en-Thimerais, dans l'arrondissement de Dreux (Eure-et-Loir), reçut la visite de l'ennemi ; plusieurs décharges d'artillerie furent faites sur cette ville non défendue, qui heureusement ne blessèrent qu'une femme ; mais une contribution de 30000 francs, que la municipalité fit abaisser à 14000, fut imposée à la ville, sous le prétexte faux, que deux jours avant, des Prussiens blessés avaient été maltraités par la population. Puis ils se jetèrent sur le chef-lieu d'arrondissement ; le 11 novembre, un engagement eut lieu près de Dreux,

entre des francs-tireurs et douze cuirassiers blancs qui faisaient une patrouille ; tous les ennemis furent tués ou prisonniers. Le 17, les Prussiens occupèrent les hauteurs de Chérisy en avant de Dreux, c'était la division Treskow. La ville était défendue par 7000 mobiles du Calvados et de la Manche, sans canons, armés seulement de fusils à piston. Après un combat qui dura de deux heures à cinq heures et demie, Treskow vint à bout de ces recrues en nombre très-inférieur, et Dreux fut pris une seconde fois. Tous les petits détachements que les Prussiens rencontrèrent, étaient des corps isolés, faisant partie de la prétendue armée de l'ouest, sous le commandement de Frièreck, laquelle n'avait jamais été organisée, et n'existait réellement pas en tant qu'armée. Ils paraissent s'être exagéré l'importance de ces succès sans gloire, et s'être trompés aussi sur nos positions et nos intentions réelles.

Dans leur marche sur le Mans, ils eurent de nombreux engagements ; nous les retrouvons le 18 dans les bois de Châteauneuf-en-Thimerais, en face d'un corps français, composé de mobiles de la Corrèze et d'un régiment de troupes de ligne. Après un combat de quelques heures, suivant les dépêches anglaises et prussiennes, nos troupes durent abandonner leurs positions et battre en retraite. L'ennemi prétendit nous avoir fait plusieurs centaines de prisonniers. Il y avait sans doute exagération. La veille, entre la Loupe et Gourville, 3000 hommes et 8 pièces de canon firent une vigoureuse attaque sur Landelle. Malgré nos relätions qui affirment qu'après avoir mis vingt ennemis hors de combat, dans une lutte qui dura depuis deux heures de l'après-midi, nous restâmes maîtres de nos positions, il est certain que l'ennemi continua à marcher sur le Mans. Le 21, à Bretoncelles, station du chemin de fer, et à la Fourche, petit hameau situé à peu de distance sur un point culminant où s'embranchent, à la sortie de Nogent-le-Rotrou, les routes de Chartres et de Dreux, nouvel engagement. Le combat dura quatre heures, derrière deux barricades et à travers les massifs d'arbres qui bordent la grande route. Il se termina malheureusement encore en faveur des Allemands, car le général Rousseau, qui pourtant était du pays, se laissa tourner sur sa droite par Coudreceau et Marolles. Le soir Nogent était menacé, et le lendemain il ne restait plus de libre à nos troupes, qu'on avait ralliées à grand'peine sous les obus prussiens les escortant jusqu'à la Ferté-Bernard, que la route d'Alençon pour retraite. Encore à Belesme allèrent-elles se heurter contre Treskow, qui après avoir suivi la ligne de Dreux à Argentan, arrivé à Verneuil, était descendu se réunir au corps principal. Le duc de Mecklembourg continua sa marche sur le Mans jusqu'à Conneré, aux environs duquel, dans une petite commune appelée Duneau, des forces détachées du camp de Conlie arrêtèrent ses têtes de colonnes.

17. — Son plan était rempli, et c'était le moment de faire un retour en arrière pour prendre part aux événements qui allaient se passer sur les bords de la Loire. Le 26, Vibraye, Mondoubleau étaient envahis,

Châteaudun s'attendait d'un instant à l'autre à l'arrivée de l'ennemi. A la fin de novembre, la jonction de Mecklembourg et de Frédéric-Charles était faite. Comme toujours, les Prussiens avaient couvert leur marche et s'étaient avancés avec la plus grande vigilance; partout sur leur passage ils coupaient les fils télégraphiques ; la nuit, dit la légende, leurs campements étaient entourés de fil-de-fer, ou de cordes garnies de sonnettes qu'il était impossible de détruire sans donner l'alarme.

Rien, d'un autre côté, n'avait été fait pour arrêter cette jonction, c'est à peine si les dépêches officielles mentionnent deux engagements, l'un au sud, l'autre au nord de la ligne suivie par les Prussiens. Le 25, la Bazoche, ainsi que plusieurs fermes des environs étaient en feu ; au Gault, l'ennemi avait commandé 2000 rations ; les hulans étaient venus à Busloup, à 2 kilomètres de Pezou, et à Fontaine près de Freteval, menaçant la voie du chemin de fer. Cent gardes nationaux de Mondoubleau, cent mobiles du Gers et quarante francs-tireurs de Paris attaquèrent à huit heures du soir les Prussiens à Saint-Agil, l'engagement dura jusqu'à une heure, et l'ennemi fit des pertes considérables. Nous n'eûmes de notre côté à déplorer que la mort de deux hommes et les blessures de trois. On avait remarqué parmi les combattants, M. Demarçay, sous-préfet de Vendôme, le curé de Busloup et tous les habitants du magnifique château de la Gaudinière, appartenant au duc de Larochefoucauld-Bisaccia.

Le même jour, un nouveau corps, le 17ᵉ, entrait en ligne. Après avoir cherché depuis l'aurore l'ennemi entre Bonneval, Châteaudun et Brou, il rencontrait dans l'après-midi une partie de l'armée de Mecklembourg à Yèvres, et après une vive canonnade, qui coûta la vie à quelques soldats de Charette, les Prussiens se retirèrent sur la Bazoche, laissant entre nos mains deux caissons pleins de munitions. L'affaire avait été menée par le général de Sonis, bien connu par sa dernière campagne dans le Sahara, où il commandait en chef la cavalerie. Une harangue patriotique et anti-bonapartiste avait fort enflammé les troupes, et en particulier nos soldats. Malheureusement par suite d'un ordre mal compris par notre commandant, nous fûmes, quoique présents au combat, toute la journée sans tirer une cartouche.

LIVRE V

—

BEAUNE-LA-ROLANDE ET PATAY

Le 17ᵉ corps placé en flèche à Châteaudun, et risquant
d'être coupé, bat en retraite sur la forêt de Marchenoir.
— Marche de nuit. — Coup-d'œil de la colonne à l'aurore. — Arrivée à Saint-Laurent-des-Bois. — Positions
et forces des deux armées en présence. — Frédéric-
Charles. — Aurelles de Paladines veut s'ouvrir la
route de Fontainebleau. — Beaune-la-Rolande. — Nous
sommes repoussés au moment où les Parisiens sortaient.
— Batailles sur la Marne du 30 novembre et du 2 décembre. — L'armée de la Loire changeant de tactique, tente
de déboucher entre Saint-Germain et Saint-Denis en remontant le Loir. — Lutte de trois jours à Patay. — Belle
conduite des zouaves pontificaux. — Marche de Mecklembourg et de Frédéric-Charles sur Orléans. — Evacuation
de cette ville. — Voyage et circulaire de Gambetta.
— Orléans pendant la bataille. — Conduite des Prussiens
à leur entrée.

1. — Le 26, à la tombée de la nuit, le 17ᵉ corps
était rangé en bataille à Donnemain-Saint-Mamert,
village du canton de Châteaudun, entre cette ville et

Marboué, à gauche de la route qui mène à Orléans et faisant front à celle de Chartres. De l'autre côté du Loir, les feux des bivouacs prussiens perçaient dans la nuit, et de temps en temps les avant-postes échangeaient des coups de fusil. Le génie creusait les culées des ponts et les tabliers pour la mine ; dans la tranchée du chemin de fer quelques-uns de nos cavaliers avaient été tués par surprise. On s'attendait à une vigoureuse attaque pour le lendemain. Et pendant que l'artillerie mettait ses pièces en batterie, que le général de Sonis et ses lieutenants installés dans la seule ferme, dont les marins n'eussent pas enlevé la toiture de chaume pour s'en faire un lit, étudiaient le terrain et méditaient sur le plan de campagne, les chevaux au piquet se laissaient aller au sommeil, et le fantassin s'étendait sur son sac au pied des faisceaux, dans la terre boueuse et sous le ciel inclément, en mangeant son dernier morceau de pain, ou buvant sa dernière goutte.

Tout-à-coup un ordre arrive de Tours. Les officiers généraux montent à cheval, les fourgons et les pièces sont attelés, les cavaliers sont en selle, on reprend le sac, on rompt les faisceaux ; et jusqu'au lendemain midi la colonne se met en marche par Châteaudun, Verdes, Binas, Saint-Laurent-des-Bois où le quartier-général vint s'établir. On a vu par ce qui précède que nous courions le risque, en restant dans la Beauce, d'être tournés par le duc de Mecklembourg qui, renonçant à sa marche sur le Mans, avait longé le Perche, et par Saint-Calais serait venu faire sa jonction derrière nous avec Frédéric-Charles dans l'Orléanais. Mais, le 27, nous étions sur les confins du Loir-et-Cher et du Loiret.

2. — Était-ce un mouvement savant que l'abandon des positions de l'aile gauche de l'armée de la Loire? Peut-être. Fut-ce une retraite en bon ordre, suivant les clichés adoptés? Jamais. Quand je vivrais cent ans, j'aurais toujours cette nuit présente à la pensée, et le comble des châtiments que je souhaite aux culottes de peau, aux traîneurs de sabres, aux riz-pain-sel de tous grades, c'est de faire partie d'une pareille colonne une fois dans leur vie. Ces soixante kilomètres semblaient ne jamais finir; on faisait deux pas, on reculait d'un; ce n'étaient pas des hommes, c'était une houle qui couvrait non-seulement la route, mais encore cinquante mètres à droite et à gauche des fossés dans les terres, à moins que des maisons en bordure ne vinssent faire un espèce d'entonnoir, où s'engorgeait le flot rétréci. Tout était mêlé : les officiers, les soldats, l'infanterie, la cavalerie, l'artillerie, la marine, les mobiles, le génie, les convoyeurs, les zouaves pontificaux. On ne savait qui conduisait la colonne qui formait l'arrière-garde, et cependant les ponts sautaient derrière nous, et les obus nous faisaient la conduite. A chaque instant on criait halte pour laisser souffler les chevaux, pour livrer passage à une estafette, pour traverser la ligne de chemin de fer, où les trains emportaient le matériel de la gare voisine dans la direction de Vendôme, pour relever un homme étouffé, blessé par les pieds des chevaux ou tombé d'inanition,

pour attendre qu'on eût relevé un caisson, qui en roulant dans le fossé d'une barricade ou en montant sur son épaulement avait coupé les jambes à son conducteur. La pluie tombait à torrents, le sol était détrempé, le sommeil gagnait les plus robustes ; et les seules distractions étaient de jeter un coup d'œil dans le coupé chaud et soyeux des généraux, qui venaient encore encombrer la colonne par l'allure irrégulière de leurs chevaux.

Pour comble de malheur, le 16ᵉ corps qui faisait un mouvement parallèle au nôtre, et auquel aucune route n'avait été assignée, selon la bonne habitude de laisser toute opération au gré de son conducteur, ce qui montrait assez le manque de plan général, le 16ᵉ corps ayant le même but nous rencontra à mi-chemin, et comme les avant-gardes sont toujours impatientes, que d'ailleurs nous avions encore un défilé de plusieurs heures à opérer, il s'engagea sur la même chaussée, et bientôt ce fut un pêle-mêle général. Le bruit ne manquait pas ; chaque officier criait par ici à sa compagnie ; chaque corps, fidèle à la jalousie qui existe en France dans l'armée, entre chaque couleur d'habit, et qui constitue autant de castes auxquelles, én temps de paix on ne doit que du mépris, et en temps de guerre aucun secours, injuriait le corps d'à côté. Les grands omnibus portant les officiers d'administration, enveloppés de leurs couvertures et de leurs fourrures, roulaient écrasant les pierres. Les 3000 charrettes de vivres et de fourrages s'ébranlaient aux cris des charretiers réquisitionnés et furieux.

3. — Toute la nuit s'écoula ainsi. Et quand l'aurore vint découvrir aux yeux appesantis les plaines de la Beauce larges comme l'Océan, où les villages paraissaient des îles, sans arbres, sans haies et sans moissons ni plantes alimentaires dans la saison où nous étions, ce fut un spectacle plus navrant encore. Sur chaque mètre de pierres des traînards étaient couchés, renversés en arrière sur leurs sacs encore assujettis, le fusil retenu à peine par la main, la bouche ouverte et les moustaches dégouttantes de rosée le plus souvent transformée en glaçons. Ils étaient adossés à toutes les faces, les longues mêmes en portaient deux ; et la boue couvrait leurs pantalons, leurs capotes étaient déchirées, leurs képis à moitié absents. Comme dans la marche, ces cubes de chair humaine présentaient un déplorable salmigondis. La vareuse du mobile, le pantalon rouge de la ligne, le béret du matelot étaient accolés. Les volontaires de l'Ouest seuls étaient peu nombreux. Il n'y avait pas d'artilleurs, ceux-ci comme leurs cavaliers avaient leurs chevaux, et même sur les timons, les brancards, les affûts, donnèrent l'hospitalité à pas mal de fantassins d'autres corps, principalement aux marins, moins aptes que personne à la marche inutile sur un navire, et impossible lorsqu'on débarque, après avoir été les trois quarts de la journée les pieds dans l'eau. Dans les fossés gisaient les fusils, les paquets de cartouches dont on s'était allégé, des sacs même, des effets, des roues brisées, des chevaux crevés, des malles d'officiers, dont les suspensions avaient cassé sur le dos des mulets.

7*

4. — Voilà ce que dans les dépêches officielles on appelait retraite en bon ordre. Malgré toutes les difficultés qui existent à conduire une colonne et surtout une colonne de jeunes troupes, je crois que sur le sol même de la patrie, à la barbe de l'ennemi qui pouvait prendre sans défense et mitrailler soixante mille hommes, il était possible de ne pas offrir un spectacle qui ne s'était pas vu depuis la Bérésina et Waterloo, où encore on avait l'excuse de la panique. Mais là nous sortions d'une victoire, et c'est de notre plein gré que notre mouvement était opéré.

En arrivant à Saint-Laurent-des-Bois, les régiments étaient réduits à l'effectif de compagnies; les compagnies avaient à peine les cadres. Il manquait quatre capitaines dans un bataillon. Le lendemain, à la même heure, tout n'était pas encore rentré. Quelques-uns furent pris par les éclaireurs allemands, d'autres profitèrent du désordre pour rentrer chez eux et trouver, au fond des campagnes, une cachette que le peu de gendarmes restés n'auraient jamais découvert, sans la dénonciation de pères de famille jaloux que leurs fils n'en eussent pas fait autant. Le général en chef eut beau à se fâcher, c'était une faute commune. Si les soldats étaient traînards, les simples officiers ne s'occupaient pas assez d'eux et étaient rarement à leur poste; les généraux combinaient mal leurs mouvements; après quoi, ils laissaient aller l'exécution à la grâce de Dieu, remontant dans leurs voitures, ou s'installant le dos au feu et le ventre à table. Autre chose est de bien se battre et de bien commander.

5. — La ligne des Allemands s'étendait alors de Nogent-le-Rotrou à Montargis, par Brou, Châteaudun, Janville, Toury, Beaune-la-Rolande. Toury en était le point central. Ces troupes, dont le prince Frédéric-Charles était généralissime, formaient deux armées, l'une à gauche, commandée par le prince lui-même, et l'autre à droite, sous les ordres du grand duc de Mecklembourg, avec lequel il venait de faire sa jonction. La première comprenait le 3e corps, (Brandebourg), général Von Avensleben; le 9e corps, (Sleswig-Holstein), général Manstein; le 10e, (Hanovre), général Voigth Rhetz; une division de cavalerie, général Hartmann. Nous connaissons déjà, en grande partie, les forces de Mecklembourg. Les troupes qui n'avaient pas encore figuré sous ses ordres étaient deux divisions de cavalerie prussienne, commandées par le comte de Stolberg et le général Von Rheibeben.

L'effectif d'un corps d'armée allemand s'élève à 35000 hommes lorsqu'il est complet. Le public fera ainsi justice des affirmations du général en chef allemand qui a prétendu n'avoir que 90000 hommes devant Orléans. La 2e armée avait été rudement éprouvée devant Metz, mais elle avait reçu des renforts avant de quitter cette place. Les corps du prince Frédéric-Charles amenaient à eux seuls 250 pièces de canon, en sorte qu'il pouvait y en avoir 400 du côté de nos ennemis.

Notre armée formait un arc de cercle autour d'Orléans; elle occupait depuis la forêt de Cercottes jusqu'à Meung. A gauche, le 17e corps, sous les ordres du général de Sonis; un peu plus loin, le 16ᵉ corps, général Chanzy; au centre, à Chilleurs, le 15ᵉ sous Martin des Pallières. A droite, le 20ᵉ, commandé par Crouzat qui avait été appelé en toute hâte de Chagny; son état-major était établi à Bellegarde; les lignes allaient de Fréville à Bois-Commun. L'extrême droite était formée par le 18ᵉ corps confié dans les derniers jours à Bourbaki; ce corps qui se trouvait d'abord à Gien avait pris position à l'extrémité de la forêt et se tenait en face de Montargis. La forêt était gardée par une fourmillière de francs-tireurs, mais elle n'était gardée que par eux. Cathelineau et Lipowski s'y trouvaient; il y avait aussi ceux de Nice et ceux de Rochefort (Charente-Inférieure), commandant Mesme, qui ont fait bonne figure toute la campagne; mentionnons encore la légion bretonne. Le rendez-vous des francs-tireurs était à Ingranne; mais l'insuffisance de l'état de défense de la forêt sautait aux yeux; une seule tranchée, une seule barricade y avaient été pratiquées. Le quartier général était à Artenay.

6. — Le prince Frédéric-Charles de Prusse est le seul général prussien qui ait souvent fait la guerre, et peut-être doit-il à ses longs états de service d'être le premier général allemand. C'est le fils d'un frère de l'empereur d'Allemagne actuel, frère également de son prédécesseur et de l'impératrice douairière de Russie. Élevé tout militairement, amateur d'armes et de chevaux, dès l'âge de vingt ans nous le voyons faire sa première campagne avec le grade de capitaine,

Après la mort de Frédéric, le 20 janvier 1848, les duchés de Holstein et de Sleswig, ayant voulu être indépendants de la couronne de Danemark, furent soutenus par les Prussiens. Dans une des batailles où le patriotisme et le courage d'un petit peuple résistaient aux arrières-pensées de ses voisins, ce fut un fait d'armes du prince qui attaqua avec le 2ᵉ régiment le flanc droit de l'ennemi, malgré le général en chef Wrangel, qui décida du succès. L'année suivante, les aspirations de l'Allemagne vers l'unité et la démocratie allant aboutir par la constitution d'un parlement national, les rois ne manquèrent pas de se coaliser, et le grand duc de Bade, menacé par la révolution, appela à son aide les Prussiens. Ceux qui avaient tué la patrie en Danemark ne pouvaient-ils pas maintenant étouffer la liberté? Frédéric-Charles, devenu major, fut de cette campagne, que dirigeait le roi actuel Guillaume, alors simple régent à Berlin, pendant la maladie de son frère aîné. Au combat de Wisenthal, le prince reçut une blessure des fantassins badois qu'il chargeait à la tête de son escadron de hussards. Il commandait le 3ᵉ corps en 1864, quand se réveilla cette question du Danemark; dont l'Autriche et la France ont dû depuis pleurer à chaudes larmes l'abandon; elle est la source de tous leurs malheurs et la leçon de la morale. La bataille de Duppel, le passage de l'île d'Alsen, furent autant de rencontres où le prince Frédéric-Charles se distingua. Sadowa acheva sa réputation. Ses livres, comme ses marches, prouvaient une grande connaissance de la stratégie.

7. — Par une longue série de mouvements, le général d'Aurelles chercha d'abord à tourner la gauche allemande et à s'ouvrir la route de Fontainebleau. L'ennemi, croyait-on savoir, faisait de grandes concentrations sur sa droite; il devait par conséquent découvrir sa gauche. On fit donc des efforts sérieux de ce côté et la marche en avant commença. Le 21, les francs-tireurs de Cathelineau, auxquels se joignirent des gardes nationaux, tinrent toute la journée contre 3000 Prussiens de toutes armes et appuyés d'obusiers. Ceci se passait à Chambon.

Le 24 novembre, le 18e corps soutint une lutte victorieuse entre Ladon, Maizières et Boiscommun, et resta maître du terrain. Peu s'en fallut même que les brigades prussiennes Lehman et Valentini, celle-ci traînant avec elle toute l'artillerie du corps, ne pussent pas converger sur Beaune-la-Rolande où les attendait la brigade Wedel et six escadrons de cavalerie.

Le 25, un combat victorieux eut lieu à Neuville; nos troupes, bien qu'inférieures en nombre, repoussèrent l'ennemi qui avait bombardé la ville. Les Prussiens laissèrent sur le terrain un grand nombre de morts et de blessés; nous fîmes 80 prisonniers, nos pertes étaient peu importantes.

8. — La bataille de Beaune-la-Rolande, soutenue par le 20e corps, fut de beaucoup la plus importante des opérations. De progrès en progrès, nous nous étions avancés jusqu'au centre de la concentration ennemie. Le 27, au soir, nous avions une division à

Batilly, une à Montbarrois et une troisième à Saint-Loup-des-Vignes. Frédéric-Charles, le lendemain, attaqué par des forces supérieures, annonçait à Versailles, à 10 heures 55 minutes du soir qu'il n'avait pu réussir à maintenir ses positions qu'en concentrant dans Beaune-la-Rolande son 10ᵉ corps et en le faisant appuyer dans l'après-midi par la 5ᵉ division et la 1ʳᵉ de cavalerie. Les pertes prussiennes étaient d'environ 1000 hommes; ils pensaient les nôtres bien plus considérables. Dans la lutte qui avait duré de 11 heures du matin à 5 heures du soir, quelques centaines de Français avaient été capturés; le prince n'avouait pas avoir perdu un canon.

Sur ce, nos journaux de faire le commentaire suivant : « Cette dépêche avoue explicitement l'échec de l'armée prussienne, puisqu'elle n'ose pas dire que notre armée ait été repoussée. La France apprendra, avec autant d'orgueil que de satisfaction, que ce succès a été remporté par de jeunes conscrits qui voyaient le feu pour la première fois et qui avaient à combattre les plus vieilles troupes de Prusse, commandées par le prince Frédéric-Charles en personne. »

Ces jeunes conscrits étaient trois bataillons des mobiles des Deux-Sèvres (l'auteur était dans un bataillon de marche, tandis qu'il s'agit ici du 34ᵉ régiment) qui néanmoins avaient déjà vu l'ennemi à la Bourgonce et en avant de Besançon. Le régiment du Cher n'était pas resté en arrière de cet exemple, et parmi ses officiers blessés on comptait un capitaine,

M. Duvergier de Hauranne, fils d'un écrivain et d'un politique bien connu. Citons encore le régiment du Haut-Rhin qui s'était élancé, musique en tête, au grand air des Girondins « Mourir pour la Patrie,» et avait remplacé momentanément le découragement par l'enthousiasme.

Malgré ces attaques qui furent continuelles et répétées avec une violence presque irrésistible, nous n'avions pu nous emparer, grâce au général Crouzat qui avait hésité devant un bombardement, de la ville de Beaune-la-Rolande, dont le clocher dissimulait les batteries prussiennes, en position sur les hauteurs qui dominent la ville au nord. L'ennemi s'était retranché dans les maisons, avait crénelé les murs des fermes, barricadé les rues. En vain le lieutenant-colonel de Verdières y pénétra un instant à la tête d'une brigade, il ne put s'y maintenir. Le général en chef fit abîmer inutilement un bataillon de turcos.

Le 29 novembre ce fut le tour du 18ᵉ corps qui avait déjà essayé la veille de faire une diversion. Nous nous emparâmes, après trois heures d'une vive fusillade, de Juranville ; il fallut l'évacuer dans la même soirée. Le lendemain eut lieu l'affaire de Maizières, on s'y rencontra avec l'ennemi à 7 heures 1/2 du matin. Le combat dura jusqu'à 4 heures. Comme à Beaune-la-Rolande, il y eut deux charges à la baïonnette qui se terminèrent par deux mouvements de recul de l'ennemi. Le ministre de la guerre prétendit que nous avions fait un officier et 34 soldats prisonniers sans perdre beaucoup de monde ; il est certain que là comme ailleurs nous avions été sur le point d'obtenir un avantage marqué. Cependant quel était le résulta de toutes ces rencontres? Si nous n'avions pas été repoussés, nous n'avions pas gagné un pouce de terrain. Le général prussien se vantait de nous avoir tué 7000 hommes depuis huit jours, c'était évidemment exagéré. Mais notre échec n'était pas douteux; le 20e corps battit bientôt en retraite sur Nibelle.

9. — Le plus grand ennui était la coïncidence de cette reculade avec les progrès des parisiens, qui étaient sur le point de percer le cercle de fer et de feu qui les étreignait. Le 25 les combats s'engageaient autour de Paris, par l'Hay et Thiais, après une vive canonnade partie de nos forts. Les soldats de la ligne et les fantassins de marine, sous les ordres du général Vinoy, repoussaient l'ennemi dans ses retranchements, et tandis que le 106e et le 116e bataillon de la garde nationale, commandants Ibos et Langlois, emportaient la Gare aux bœufs, nos troupes régulières emmenaient leurs prisonniers sous le canon des forts. L'attaque de l'Hay et de Thiais avait eu pour but de faire croire aux Prussiens que l'objectif français était de s'emparer de Choisy-le-Roi, tandis qu'à Nogent on eût passé la Marne presque sans combat. L'opération ne réussit pas à cause de la crue subite des eaux, due à la rupture d'un barrage et à la négligence du génie auxiliaire.

Le mercredi la lutte s'engagea dès le jour. Tandis que la division Susbielles, composée des mobiles de la Vendée, de l'Ain et du 42e régiment de ligne, attaquait et emportait sur la droite Montmesly, le gros de l'armée de Ducrot jetait ses ponts de bateaux sur la Marne, puis disputait pied à pied aux Prussiens les hauteurs boisées de Cœuilly, de Villiers et de Chennevières, qui couronnent la plaine et les villages établis au versant. Les mobiles de Seine-et-Oise sont jetés aussitôt sur Bry, tandis que les mobiles bretons, les mobiles de Seine-et-Marne et les régiments de ligne, le 32ᵉ en tête, emportaient d'assaut Champigny. Nous étions maîtres de la plaine, prêts à conquérir les positions élevées, de façon à rejoindre le corps de Susbielles qui coupait à l'armée prussienne la route de Versailles. Il était onze heures du matin.

Mais vers midi des masses prussiennes contraignaient un instant les mobiles de la Vendée et le 42ᵉ, placés au devant d'eux, à se replier sur Creteil et sous le feu de la redoute de Gravelles, après avoir perdu leurs commandants. Le général Lardiat de la Charrière tombait à trente mètres des Prussiens ; le général Renault était grièvement blessé ; pendant ce temps la bataille durait au centre devant Cœuilly et sur la gauche devant Villiers, depuis plusieurs heures. D'un autre côté les artilleurs de la division Susbielles reprenaient position dans la plaine. Néanmoins l'armée coucha sur ses positions conquises ; le général d'Exéa se maintint de l'autre côté de la Marne ; nous avions fait mille prisonniers et pris deux canons. Au nord nous avions occupé Drancy et Épinay, et, après un brillant combat, ramené trois mitrailleuses et plusieurs prisonniers.

Le lendemain, pendant que l'artillerie établie sur le plateau d'Avron dirigeait un feu bien nourri sur les positions ennemies, nos troupes relevaient les blessés Français ou Prussiens, et enterraient les morts. Vers la fin du jour une suspension d'armes de deux heures, conclue par une sorte d'accord tacite, permit d'achever cette pénible opération. De l'avis de tous les assistants, cet armistice a été le seul motif qui a empêché notre succès définitif et permis à l'ennemi de nous résister un second jour.

10. — Le 2 décembre, anniversaire d'Austerlitz et de l'attentat contre la souveraineté nationale, une bataille s'engageait de nouveau sur nos positions de la Marne. Les Prussiens à l'aube attaquaient le village de Champigny, où les mobiles de la Côte-d'Or surpris se retiraient vers la plaine. Une autre colonne ennemie sortant des bois de Villiers essayait de repousser nos troupes sur Bry, et nous perdions une redoute, non sans avoir infligé des pertes considérables à l'ennemi, et en avoir subi d'aussi grandes. Mais le régiment de génie auxiliaire de la garde nationale, croisant la baïonnette, força les mobiles qui pliaient à se reformer devant lui. Les généraux en chef arrivaient, et nos troupes reprenant l'offensive s'emparaient de Cœuilly et de Villiers. L'action principale était appuyée par une vigoureuse diversion des positions du sud. Les soldats, par leurs acclamations sur le champ de bataille, le gouvernement, par une lettre émue, rendirent à Trochu un hommage, auquel la population entière de Paris s'associa le soir.

Nous avions eu devant nous 100000 hommes accourus de Versailles ; nos canons et l'irrésistible élan de nos jeunes troupes, avaient une seconde fois forcé les Prussiens à reculer. Des bataillons de gardes nationaux frémissant d'impatience sur les bords de la Marne où ils étaient échelonnés, avaient écouté le bruit de la mitraille et des feux de peloton, et demandé à marcher. On aurait pu compter sur leur courage, mais les mobiles et les troupes de ligne suffisant à maintenir l'ennemi, Trochu remit à un autre jour de poursuivre les chances de sa sortie. Peut-être se laissa-t-il influencer par les rapports des Prussiens captifs, qui annonçaient l'arrivée en masse, sur les plateaux de Cœuilly, de 150000 Saxons? A quatre heures le feu cessa, on mit à profit l'expérience, on crénela Champigny. Pendant ce temps, les frères de la doctrine chrétienne relevaient les blessés et enterraient les cadavres sur les champs de bataille. Ces robes noires avaient l'intrépidité et l'austérité du soldat qui marche au combat. Nous avions fait huit cent prisonniers, nos pertes étaient fortes, mais les Prussiens ne pouvaient revenir de leur étonnement. Ces combattants de Champigny étaient-ils bien les mêmes soldats qui avaient fui si honteusement à Châtillon, quand Trochu livra sa première bataille ? Quelle transformation et quel sujet de craintes pour le lendemain.

11. — Retournons à nos troupes en province. Ayant échoué du côté de l'est, notre armée de la Loire changea ses plans. Le 30 au soir, d'après des ins-

:ructions venues de Tours, on décida au quartier général de se jeter sur le grand duc de Mecklembourg,
qui occupait la ligne de Châteaudun à Toury, et
formait la droite prussienne. Le plan était de cul-
buter le corps ennemi, de marcher sur Paris en tournant Versailles, et en débouchant entre Saint-Germain
et Saint-Denis. C'était le retour aux instructions de
Trochu. La neige était tombée en petite quantité sur
le sol et l'avait durci, et maintenant nos canons n'é-
taient plus exposés à s'embourber jusqu'à l'essieu. Il
faisait un froid exagéré pour la saison, mais un beau
temps pour se battre. La sonorité du terrain nuisait
seule au secret des reconnaissances de cavalerie. Une
violente attaque, qui dura trois jours et à laquelle
prirent part le 16e et le 17e corps, décida de cette
campagne.

Le 1er décembre l'avantage nous resta, le général
Chanzy télégraphiait de son quartier-général à Patay :
« Le 16e corps qui a quitté ses positions à dix heures,
a trouvé l'ennemi fortement établi de Guillonville à
Terminiers par Gomiers ; le combat engagé à midi
s'est prolongé jusqu'à six heures du soir, malgré la
résistance énergique d'une force d'au moins 20000
hommes, cavalerie et infanterie, et de quarante à cinquante canons. La première division a enlevé successivement les premières positions ennemies, et ensuite
celles de Nonneville, Villepion, Faverolles, sur lesquelles elles bivouaquent cette nuit. Partout nos
troupes ont abordé l'ennemi avec un élan irrésistible.
Les Prussiens ont été délogés des villages à la baïon-

nette; notre artillerie a été d'une audace et d'une précision qu'on ne saurait trop louer; nos pertes ne paraissent pas sérieuses, celles de l'ennemi sont considérables. On recueille des prisonniers parmi lesquels plusieurs officiers. Les honneurs de la journée sont à l'amiral Jauréguiberry. L'ennemi s'est retiré dans la direction de Loigny et de Château-Cambrai; je le suivrai demain. Je fais connaître à mon corps d'armée la grande nouvelle de la sortie de Paris, il saura répondre à ce que le pays attend de lui. Il vient de l'affirmer de nouveau par le combat de Villepion. » En conséquence, Chanzy était nommé grand-officier de la Légion d'honneur, Jauréguiberry et sa division étaient mis à l'ordre du jour.

12. — Mais le grand-duc de Mecklembourg fit le lendemain un retour offensif avec de grandes forces, et reprit ses positions de la veille. Le général de Sonis, commandant le 17e corps, fut grièvement blessé, au point qu'on fut depuis obligé de l'amputer d'une jambe. Laissé sur la neige du champ de bataille, il fut fait prisonnier. Il s'en suivit dans ses troupes une émotion qui compromit le plan général.

Ce jour, les zouaves pontificaux s'illustrèrent en exécutant une charge à la baïonnette qui restera aussi célèbre que la charge des cuirassiers à Reischoffen. Le combat avait été engagé vers midi. Le matin, les zouaves pontificaux rangés autour de la bannière du Sacré-Cœur de Marie, à laquelle, à l'exemple de Louis XIII pour la France, M. de Charette avait consacré ses troupes, assistèrent à la messe et entendirent la parole de leur aumônier, un grand et intelligent membre de l'ordre de saint Dominique, qu'ils avaient ramené de Rome. Il prêcha la vaillance et le dévouement à la sainte cause de la patrie, comme les Macchabées. Les Prussiens avaient été refoulés et contenus dans leurs lignes ; une seule position restait à enlever, c'était le village de Sougy, perché sur une hauteur boisée et occupé par 1500 Bavarois. Le général de Sonis fait appel au courage des volontaires de l'ouest. Les deux derniers bataillons qui avaient été levés au Mans, tandis que le premier se remettait de son affaire d'Artenay avant d'aller recommencer à la Fourche-d'Ivré-l'Evêque, suivent leur colonel à cheval. Ils s'avancent sur l'ennemi au pas gymnastique, se serrant autour de leur bannière, et sans tirer un coup de fusil. Ils étaient 350 par bataillon au plus. Ils abordent à la baïonnette les Bavarois qui ne tiennent pas devant cet élan et fuient débandés. La position est enlevée, mais les zouaves commettent l'imprudence de poursuivre l'ennemi et de se découvrir. A la vue de ce petit nombre d'ennemis, les Bavarois reviennent en force, soutenus par des troupes fraîches sorties des villages voisins qu'ils occupaient. Ils écrasent sous leur nombre les zouaves qui cependant soutiennent vaillamment la retraite, malgré les obus, les boulets, les feux de mousqueterie ; laissant à chaque pas un des leurs, mais n'en disputant pas moins le terrain. Ils regagnent alors leur campement et se comptent : un quart de l'effectif à peine était revenu. Le commandant de Trousure était mort, M. de Charette avait eu son cheval tué sous lui. Resté sur le champ de bataille pour ne pas tomber aux mains des Prussiens, il parvint à se glisser dans une ferme où il s'échappa déguisé en paysan.

13. — Le 3 décembre, la lutte recommença avec acharnement du côté d'Artenay à Chevilly, Gindy, Janvry, et malgré son succès définitif, Mecklembourg fut forcé d'avouer qu'il avait perdu 3200 hommes pour ses divisions prussiennes, et pour les deux bavaroises, 3000 soldats et 130 officiers; le tout, bien entendu, tués, blessés ou disparus.

Le même jour, les forces de Frédéric-Charles attaquèrent à leur tour le 15e corps, Martin des Pallières; comme l'aile gauche, l'aile droite fut battue, repoussée sur la forêt d'Orléans, dont l'ennemi chercha à s'emparer.

Entre Chilleurs et Artenay la lutte fut très-vive. Les Prussiens après s'être emparés d'Arsac se trouvèrent vis-à-vis d'ouvrages en terre où s'étaient abrités nos tirailleurs. Il y eut un instant d'indécision, mais le général allemand ayant fait venir son artillerie, un feu nourri et précis permit alors à son infanterie d'avancer. Néanmoins, les Français ne reculèrent que peu à peu et en continuant le feu. Une tâche plus difficile encore fut de nous déloger du moulin d'Auvilliers et de la ferme d'Aublay; les abords sont garnis d'arbres dont la croissance oblique gêne considérablement le pas de charge, et la position était protégée par nos pièces en batterie sur des hauteurs voisines. L'artillerie prussienne dut prendre une position en enfilade, et l'infanterie ennemie reçue à la baïonnette fit des pertes énormes.

14. — « Dans la nuit du 3 au 4 décembre, le général d'Aurelles parla de la nécessité d'évacuer Orléans, et d'opérer la retraite des divers corps sur la rive gauche de la Loire. *Il lui restait cependant une armée de plus de 200000 hommes, pourvue de plus de 500 bouches à feu, retranchée dans un camp fortifié de pièces de marine à longue portée. Il semblait que ces conditions exceptionnellement favorables dussent permettre une résistance, qu'en tout cas les devoirs militaires les plus simples ordonnaient de tenter.* » Ces deux phrases empruntées, comme la précédente, à M. Gambetta, ont été l'objet de bien des réclamations. On a accusé le ministre de l'intérieur et de la guerre d'avoir fait une circulaire un peu désordonnée, de se faire juge des opérations militaires, et de tâcher de rejeter sur d'autres la responsabilité des affaires d'Orléans.

Nous avons assez fait connaître notre opinion sur la guerre défensive, mais c'était la tactique des adversaires de M. Gambetta, et elle semblait si peu impossible à continuer en ce moment au général d'Aurelles, qu'il se rendit bientôt à l'opinion du ministre de l'intérieur et de la guerre. Était-il à craindre qu'elle aboutît à un nouveau Sedan, quand on avait eu la précaution de faire construire sur la Loire un pont de bateaux supplémentaire aux deux ponts de pierre. Même certains tacticiens réactionnaires ont soutenu depuis que l'offensive était encore possible et que par un coup d'audace on pouvait inquiéter l'ennemi assez sérieusement pour le forcer à rétrograder. Il suffisait pour cela de jeter le 18ᵉ corps sur les communications prussiennes. Huit mille hommes à peine avaient été laissés par Frédéric-Charles pour protéger ses derrières. Ceci dit, je ne conteste pas que M. Gambetta, en écrivant ces phrases, n'ait cédé un peu à sa fougue méridionale.

Quant à l'affirmation de l'effectif, on ne peut nier que cinq corps d'armée et même six, car le 21ᵉ était sous la main, ayant chacun trois divisions, ne fissent 200000 hommes, à ne les prendre qu'à 35000 hommes. Le chiffre des canons n'est pas plus exagéré si les pièces de siége dont il va être parlé sont comprises. Après la bataille de Coulmiers, sur des ordres venus du ministère on avait pris position autour d'Orléans. Les abords de la ville avaient été mis en état de défense; une seconde ligne fut tracée à quelque distance, sur un développement de 11 kilomètres. Quatre-vingt-quinze canons à longue portée de la marine, furent apportés de Rochefort, établis en batteries et confiés à 600 canonniers de la marine.

15. — Je reprends la citation de ma dépêche, ou note communiquée : « Le général d'Aurelles n'en persista pas moins dans son plan de retraite. Il était sur place, disait-il, il pouvait juger mieux que personne de la situation réelle des choses. Après une délibération prise en conseil du gouvernement, à l'unanimité, le télégramme suivant fut passé par la délégation de Tours au commandant en chef de

l'armée de la Loire : « L'opinion du gouvernement consulté était de vous voir tenir ferme dans Orléans, vous servir des travaux de défense *et ne pas s'éloigner de Paris*, mais puisque vous affirmez que la retraite est nécessaire, et que vous êtes mieux à même de juger la situation; que vos troupes ne tiendraient pas, le gouvernement vous laisse le soin d'exécuter les mouvements de retraite, sur la nécessité desquels vous insistez, et que vous présentez comme de nature à éviter à la défense nationale un plus grand désastre que celui de l'évacuation d'Orléans. En conséquence, je retire mes ordres de concentration active et forcée à Orléans. Signé : Léon Gambetta, Crémieux, Glais-Bizoin, Fourrichon. » La dépêche ordonnant l'évacuation d'Orléans était envoyée à onze heures, à midi le général d'Aurelles écrivait d'Orléans : « Je change mes dispositions. Je dirige sur Orléans le 16e et le 17e corps, j'appelle le 18e et le 20e, j'organise la résistance. Je suis à Orléans à la place. Signé : d'Aurelles.» Ce plan de concentration était justement celui qui depuis vingt-quatre heures était conseillé, ordonné par le ministre de la guerre. »

Évidemment, la dernière dépêche du général d'Aurelles de Paladines est celle d'un homme vexé, à qui on a donné une permission, en lui faisant sentir qu'on aimerait mille fois mieux ne pas lui donner, et que, si malheureusement il en abuse, il n'a qu'à bien se tenir sur ses gardes. Pourquoi Gambetta a-t-il fait au vainqueur de Coulmiers cette violence morale? Ces mots *ne pas s'éloigner de Paris* disent tout. Il faudrait n'être pas homme pour ne pas comprendre la disposition d'esprit de celui qui a tout fait pour n'être pas trahi par la fortune, et qui cependant la voit infidèle. Au moment où Paris s'approche de la France et lui tend la main, la France est éloignée de plus en plus, à Beaune-la-Rolande, à Patay et enfin par un besoin de tactique. Le cri de l'organisateur de nos forces, de celui qui a cherché à galvaniser le pays, c'est le cri d'un noyé qui se rattache à sa dernière branche, et on voit bien aujourd'hui que le 4 décembre, ce jour néfaste entre tous, car le 3e Bonaparte l'avait consacré par ses massacres anti-libéraux, s'est joué notre dernière partie. La province, en perçant les lignes prussiennes, forçait à se dédoubler l'armée d'investissement; et c'était l'armée de Fritz prise entre deux feux, après celle de Frédéric-Charles coupée; c'était la levée du siége de Paris et la retraite des Prussiens qui n'auraient pu tenir longtemps dans nos villes démantelées par eux-mêmes, et poursuivis par des troupes auxquelles la victoire aurait rendu l'audace.

15. — Or, le général en chef de l'armée de la Loire n'allait même pas pouvoir exécuter son second plan. Un mouvement stratégique de l'ennemi, conduit avec ensemble, porta le dernier coup à notre armée. Dans la journée du 4 décembre, toutes les forces allemandes convergèrent sur Orléans. Le 18e corps, séparé du reste de l'armée, par la défaite des 15e et 20e à Chilleurs, dut rétrograder dans la direction de Sully où il réussit à passer la Loire. Crouzat effectua son passage à Jargeau. Des Pallières, en l'absence du

général en chef, se retira sur Orléans; les autres corps avaient pris une autre direction; on verra plus loin laquelle.

Mais Gambetta n'était pas au courant du mouvement de l'ennemi et des nouveaux changements de nos troupes. Il se rendit à Orléans pour s'assurer de la concentration rapide des corps. « A une heure et demie il partait par un train spécial. A quatre heures et demie, en avant du village de Chapelle, le train dut s'arrêter; la voie était occupée par un parti de cavaliers prussiens qui l'avaient couverte de madriers et de pièces de bois pour entraver la marche des convois. A cette heure, on entendait la canonnade; dans le lointain, on pouvait croire qu'on se battait en avant d'Orléans. A Beaugency où le ministre de la guerre était revenu pour prendre une voiture, afin d'aller à Ecouy, croyant que la résistance continuait à Orléans, il ne lui fut plus possible d'avoir de nouvelles. Ce n'est qu'à Blois, à 9 heures du soir, que la dépêche fut envoyée de Tours, elle venait du général d'Aurelles. «.... J'avais espéré jusqu'au dernier moment pouvoir me dispenser d'évacuer la ville d'Orléans, tous mes efforts ont été impuissants; cette nuit la ville sera évacuée.....» En présence de cette grave détermination, des ordres immédiats furent donnés de Blois pour assurer la bonne retraite des troupes. Le ministre de la guerre ne rentra à Tours que vers 3 heures du matin. Il trouva, à son arrivée, les dépêches suivantes que le public appréciera : «Orléans, 5 décembre, 12 heures 10 du matin.

Général des Pallières à Guerre, Tours. Ennemi a proposé notre évacuation à Orléans, 11 heures et demie du soir, sous peine du bombardement de la ville. Comme nous devions la quitter cette nuit, j'ai accepté au nom du général en chef. Batteries de la marine ont été enclouées; poudre et matériel détruits. »

16. — Que s'était-il donc encore passé? le jour terminait à peine une nuit froide et longue, comme une nuit d'hiver, que les troupes du grand duc de Mecklembourg et les Prussiens du général Manstein avaient attaqué, les unes à l'est, les autres à l'ouest, le 15ᵉ corps. Ce corps sur lequel on aurait pu compter, puisqu'il comprenait moins de mobiles que les autres, et que depuis Toury il avait subi maintes fois l'épreuve du feu, résista mollement. Le retour en arrière du samedi en présence de la supériorité ennemie, succédant aux promesses de marche triomphante du vendredi, les événements de la veille, la perte de nos premières lignes de défense avaient entamé le moral de nos troupes.

Dès midi l'infanterie allemande s'était emparée de nos batteries de marine placées à Cercottes, et c'est grâce à la brièveté des jours en cette saison qu'à cinq heures, quand la nuit tomba, nous n'avions pas perdu nos dernières redoutes. Mais de sept heures à onze heures, la lune s'étant levée, on reprit la lutte et les colonnes allemandes poussant devant elles nos soldats épuisés et transis de froid, atteignirent l'entrée des faubourgs. Un autre que le général des Pallières aurait pu continuer la lutte dans les rues, et attendre l'arrivée de renforts, ou tout au moins l'arrivée du général en chef; était-ce imprudent? Alors il fallait abandonner une partie de son matériel de guerre, faire sauter les ponts sur la Loire assurant ainsi sa retraite. Mais il prit le moyen que nous avons indiqué, et laissa entrer sans coup férir l'armée dans Orléans, tandis que lui-même n'était pas sûr d'avoir acheté à ce prix, sa sûreté et celle de ses troupes.

Nous laissâmes entre les mains de l'ennemi 10000 prisonniers, une batterie de campagne et dix de marine.

Quant à la dépêche suivante elle a le défaut d'être un peu théâtrale et de partir de cette source, dont j'ai examiné dans la préface les inventions. M. Gambetta était trompé par ses préfets, comme l'ex-empereur par ses ministres : « Orléans, secrétaire général à Intérieur. L'ennemi a occupé Orléans à minuit, *on dit* les Prussiens entrés presque sans munitions, ils n'ont presque point fait de prisonniers. » — A l'heure actuelle, les dépêches des différents chefs de corps annoncent que la retraite s'effectue en bon ordre, mais on est sans nouvelle du général d'Aurelles, qui n'a rien fait parvenir au gouvernement. »

17. — Je me permets d'emprunter ici la description suivante à M. Blerzy, de la *Revue des Deux-Mondes*. Elle a un aspect de sincérité qui m'a fait croire que l'auteur était sur les lieux, ou tout au moins, s'il n'était pas sur le champ de bataille à courir sus à l'ennemi, qu'il était à prier dans la cathédrale, car dans son travail du 15 mai, il parle de l'air que

jouaient les orgues, et de la couleur de la chappe de l'officiant.

« Dès l'aube, de longues files de chariots traversaient la ville sans s'arrêter et se dirigeaient vers le pont de la Loire, annonçant ainsi à la population attristée que l'armée battait en retraite. C'étaient des véhicules de toutes formes, des attelages de toute nature, c'était en un mot ce bizarre assemblage d'hommes, de bêtes et de voitures, qui composent les transports auxiliaires de l'armée ; la gare du chemin de fer était encombrée de soldats, la plupart sans armes ni sacs, à la mine hâve et souffrante, blessés ou se disant tels, qui s'empilaient dans les wagons. De temps en temps des voitures d'ambulances aux couleurs blanches et rouges ramenaient de malheureux estropiés, pour qui tout mouvement semblait être une immense douleur; les rues se remplissaient de fuyards, ils arrivaient par bandes de quatre, de dix, de vingt, engourdis par le froid, épuisés par la fatigue et le manque de nourriture. Ces hommes venaient du champ de bataille, mais qui les avaient autorisés à partir? on ne voyait avec eux ni officiers, ni sous-officiers. D'un autre côté on apercevait dans les cafés et les restaurants, des officiers en bonne tenue. Que faisaient-ils dans la ville à un pareil moment, la confusion régnait partout. La hâte du départ et l'inquiétude se lisaient sur la plupart des visages, l'insouciance sur quelques-uns. La cathédrale était belle encore sous le ciel gris, quoique moins resplendissante que huit jours auparavant. A l'intérieur résonnait les grandes orgues, mais sur un ton plaintif, comme pour se mettre à l'unisson de la patrie en deuil, tout y était grave et sombre; dans la nef encore vide, de petits groupes de soldats venaient se ranger sur les chaises; était-ce pour prier ou pour se reposer, et se mettre à l'abri? qui l'eût pu dire? eux-mêmes peut-être ne le savaient pas. Ils restaient là, calmes, immobiles, le sac à terre, le fusil entre les genoux. L'église était un refuge contre les balles, contre le froid, mais non contre la faim. Dans les rues la foule des militaires augmentait d'heure en heure, on apercevait de temps en temps des officiers qui dirigeaient les évacuations, d'autres s'efforçaient de ramener les fuyards au combat. Sur le boulevard, un régiment de cavalerie, avec ses chevaux sellés et bridés, se tenaient prêts à couvrir la retraite. Les trains se succédaient rapidement sur le chemin de fer, pour l'évacuation de l'énorme matériel que contenait la gare d'Orléans. Le canon résonnait de plus fort en plus fort, car le champ de bataille se rapprochait, et cependant au milieu de cette confusion apparente, on sentait qu'il régnait un certain ordre; c'était une retraite, non une déroute.»

18. — Voilà donc Orléans une seconde fois au pouvoir de l'ennemi, les régiments prussiens défilaient le lendemain sur la place du Martroi, drapeaux au vent, musique en tête. Au pied de la statue de Jeanne d'Arc, cette attestation *qu'un jour voit mourir une armée, mais qu'un peuple ne meurt jamais,* de nombreux prisonniers étaient entassés; la cathédrale en était pleine aussi. Mais la conduite du vainqueur à la pre-

mière occupation était si bien gravée dans le souvenir des habitants, que toutes les portes restèrent fermées, et que ceux qui étaient obligés de sortir par affaire, portaient des habits de deuil. D'ailleurs en face des ordres de l'autorité militaire allemande, la défiance des Orléanais ne pouvait que croître. Des sentinelles avaient été mises aux boutiques des bouchers, des boulangers et aux bureaux de tabac. Dans sa prodigalité, Frédéric-Charles en plaça à l'évêché, non pour faire honneur à Mgr Dupanloup, mais pour retenir dans ses appartements un criminel selon lui ; il avait affiché trop de patriotisme. Quant au procureur de la République il n'avait pas été pris tant de formes à son égard. Il était bel et bien en prison, dans cette prison où quelques jours auparavant, il avait fait incarcérer après un jugement quelques mauvais citoyens qui s'étaient faits les complices des hulans et avaient pris le parti de l'invasion contre celui de la délivrance.

—

LIVRE VI

—

RETRAITE DE CHANZY

Destitution de d'Aurelles. — Scission de l'armée de la
Loire. — Contre-coup à Paris de l'affaire d'Orléans. —
Renforts envoyés à Chanzy. — Démission de M. de
Kératry. — L'incurie du général Morandy livre Chambord
et la route de Tours à l'ennemi. — Portrait du général
en chef de la deuxième armée de la Loire. — La tactique
infernale. — Batailles de Josnes et de Beaugency, le 7,
le 8, le 9 et le 10. — Le 21ᵉ corps à Morée et à Fréteval.—
Vendôme. — Perfidie des habitants de Droué. — Retraite
sur le Mans. — Pillage de Saint-Calais. — Opérations
d'une partie de l'armée de Frédéric-Charles contre les
corps reconstitués de Bourbaki. — Combat de Notre-
Dame-d'Œ. — Prise de Tours. — La délégation de
Bordeaux mobilise les gardes nationaux de 25 à 40 ans.
— Camps d'instruction et de concentration. — On re-
nonce à lever les hommes mariés. — Création de généraux. — Autres mesures du ministre de l'intérieur et de
la guerre.

1. — Après le désastre d'Orléans, la délégation de
Tours devint celle de Bordeaux, pour que les mouve-

ments stratégiques des armées ne pussent être entravés, ni de près ni de loin, par des préoccupations politiques ou administratives. Mais avant sa translation, elle eut le temps de rendre un décret par lequel était nommé au commandement supérieur du camp d'instruction de Cherbourg, presqu'île du Cottentin, le général d'Aurelles de Paladines. L'armée de ce général était partagée en deux armées, dont l'une était mise sous les ordres de Bourbaki, et la deuxième sous ceux de Chanzy. Les vacances provenant de l'avancement de ces deux généraux et de la blessure de Sonis, étaient comblées par le même décret. Le vice-amiral Jauréguiberry passait à la tête du 16e corps, dont il était jusque-là divisionnaire, et pareillement le général de Colomb à la tête du 17e, le général Billot à la tête du 18e.

Ainsi le général d'Aurelles de Paladines était simplement appelé à un autre emploi, ce n'était donc qu'une demi-disgrâce. Le ministre de la guerre avait égard à ses services rendus et ne voulait pas se prononcer dans une question douteuse, par une destitution : même pour permettre au vainqueur de Coulmiers de se justifier, trois commissaires étaient nommés, chargés de procéder à une enquête sur les faits qui avaient amené l'évacuation d'Orléans. Ces trois commissaires, étaient : MM. Barral, général de division, président ; Robert, intendant général du service militaire ; Ricard, ancien préfet des Deux-Sèvres, commissaire de la défense nationale, hier avocat célèbre, aujourd'hui député ; tous les trois peu suspects d'apporter de la partialité dans le jugement, et dont la nomination était le plus fort garant des intentions de M. Gambetta. Que n'aurait-on pas dit, si au lieu de Barral, qui sortait de prison, comme suspect de bonapartisme, il eût appelé à faire cette enquête, Cremer ou quelqu'autre général de cette allure, et à la place de M. Ricard notabilité républicaine, une autre notabilité républicaine de son entourage immédiat, ou M. Esquiros par exemple?

2. — Le désastre d'Orléans eut son contre-coup sur les événements de Paris. Déjà le 3 décembre Ducrot avait repassé la Marne avec le gros de son armée; il se massait à Creteil. Mais les assiégés toujours pleins d'espoir croyaient seulement le plan du général en chef changé, quand, le 6 décembre, le gouvernement de la défense nationale reçut la lettre suivante de Versailles, adressée à son président par le comte de Moltke : « Il pourrait être utile d'informer Votre Excellence, que l'armée de la Loire a été défaite hier près d'Orléans, et que cette ville est réoccupée par les troupes Allemandes. Si toutefois Votre Excellence juge de s'en convaincre par un de ses officiers, je ne manquerais pas de le munir d'un sauf-conduit pour aller et venir. Agréez, mon général, l'expression de la haute considération, avec laquelle j'ai l'honneur d'être votre très-humble et très-obéissant serviteur. »

Le gouverneur de Paris répondit avec ironie, mais dignité : « Votre Excellence a pensé qu'il pourrait être utile de m'informer que l'armée de la Loire a été dé-aite hier près d'Orléans, et que cette ville a été réoccupée par les troupes Allemandes. J'ai l'honneur de vous accuser réception de cette communication, que je ne crois pas devoir faire vérifier par les moyens que Votre Excellence m'indique. Recevez, mon général, l'expression de la haute considération, avec laquelle j'ai l'honneur d'être votre très-humble et très-obéissant serviteur. »

Écroulement subit! Paris n'avait plus de secours à attendre de l'armée de la Loire, les sorties furent ajournées. Néanmoins les membres du gouvernement, en portant à la connaissance du public les documents, déclaraient que leurs résolutions de combattre n'étaient en rien changées; la confirmation d'une nouvelle dont la source était suspecte, ne devait même pas ôter tout espoir d'un retour offensif de l'armée de la Loire, et de son secours victorieux dans un temps peu éloigné.

3. — En attendant, l'Europe nous croyait écrasés, et la majeure partie de la France professait cette opinion, quand une magnifique retraite vint nous rendre quelques espérances. Le gros de l'armée de Chanzy, resté sur la rive droite de la Loire, se composait des 16e et 17e corps, qui avaient supporté tout le poids de la lutte à Patay; ils étaient en outre renforcés par une partie du 15e corps. Bientôt des troupes fraîches, avec un supplément de matériel, les rejoignirent au camp de Conlie, sous le commandement de M. de Kératry; un assez grand nombre de recrues de Bretagne s'étaient formées; la partie qui était assez instruite pour servir, fut fondue avec les bataillons dis-

persés de la prétendue armée de Frièreck en un seul
corps le 21e, commandé par le capitaine de vaisseau
Jaurès. Avant même cette fusion qu'elles comptaient
opérer en route, les ex-divisions de Frièreck mar-
chèrent sur Vendôme pour rejoindre Chanzy, ce
qu'elles ne pouvaient faire qu'après plusieurs jours. Les
forces détachées du camp de Conlie, composées en
grande partie de mobilisés, les suivaient à marches
forcées, sous la direction du général Gaugeard, officier
de marine comme son supérieur, le général Jaurès.

4. — Ce n'avait pas été sans protestation du commandant actuel du camp, M. de Kératry. L'ex-capi-
taine de la contre-guérilla au Mexique, le publiciste
acharné contre Rouher, le député de Brest qui avait
donné sur la place de la Concorde un rendez-vous
auquel M. Gagne seul s'était rendu, le préfet de police du 4 septembre, arrivé depuis en ballon, s'était
trouvé blessé d'être en sous-ordre, ou de voir enlever
des soldats qu'il regardait comme ses vassaux. C'était
bien la peine de s'être posé en face de M. de Charette,
en représentant de la Bretagne libérale, d'avoir joué
un 5e acte de l'Ambigu, en apparaissant comme un
deus ex machina à un soldat qu'il avait fait condamner à mort par un conseil de guerre, et auquel il
faisait grâce, quand le peloton d'exécution le couchait
en joue, d'avoir pu dire un instant « mon armée » et
espérer la conduire lui-même après l'avoir savamment
organisée, pour ne pas recevoir un emploi actif. Pris
entre deux feux, les vrais royalistes et les vrais républicains, il donna sa démission et fut remplacé par

un officier de marine, M. de Marivault. L'opposition réussit mieux à M. de Kératry que le pouvoir. Aussitôt mis à pied, des conseillers généraux, d'ex-députés, des villes même, qui tout à l'heure l'attaquaient, lui offrirent des places et des défenses à organiser, tout simplement pour faire pièce à M. Gambetta. Néanmoins, aux élections il échoua, la question comme partout s'étant présentée à Brest entre la paix et la guerre, et le scrutin de liste ayant noyé la ville dans les campagnes.

5. — La poursuite de l'armée française fut ordonnée dès le 6 décembre. Le 3ᵉ corps prussien fut envoyé dans la direction de Jargeau, Sully et Gien, où les reconnaissances avisaient qu'elles avaient vu passer la Loire à de fortes colonnes. La 6ᵉ division de cavalerie fut dirigée vers Vierzon pour suivre l'ennemi en retraite et le garder à vue autant que possible. Le 10ᵉ corps resta à Orléans comme réserve; le 9ᵉ dut passer sur la rive gauche de la Loire, se joindre par Beaugency à Mecklembourg qui formait toujours l'aile droite de l'armée mais sans avoir traversé le fleuve, et menacer la ligne de retraite des troupes françaises sur Tours.

L'incurie du général Morandy qui commandait à Chambord vint faciliter la marche du 9ᵉ corps. La position avait été occupée le 8 par le 36ᵉ de marche, le 28ᵉ régiment de mobiles (Charente-Inférieure) et les francs-tireurs de Paris. Dans la journée du 9, ces troupes reçurent l'ordre de se replier sur Blois. En route, un contre-ordre les fit revenir réoccuper Chambord. Le 40ᵉ de marche et le 71ᵉ de mobiles (Haute-Vienne) recevaient en même temps l'ordre de quitter Blois. Un bataillon du 40ᵉ de marche devait accompagner une batterie destinée à opérer sur la rive gauche de la Loire. Un demi-bataillon de droite du 1ᵉʳ bataillon, plus une section, avaient été détachés pour la garde d'un convoi à destination de Tours. Le 3ᵉ bataillon fort de deux compagnies seulement était détaché à Sommery. Il ne restait donc du 40ᵉ régiment que deux compagnies et demie devant se rendre à Chambord.

L'adjudant-major, envoyé d'avance pour prendre les ordres, ne trouva ni le général Morandy, ni personne de son état-major. Nous fûmes surpris, autant par notre faute que par la ruse des Prussiens. Le capitaine commandant les deux compagnies du 40ᵉ de marche, s'étant avancé tout près du château jusqu'au pont, reconnut les ennemis qui, usant de déloyauté, dirent vouloir se rendre, et envoyèrent en avant d'eux un garde mobile qu'ils avaient fait prisonnier. Deux Prussiens seuls devaient accompagner le prisonnier français, mais bientôt le pont s'étant couvert de Prussiens, le capitaine s'écria de toutes ses forces : «ce sont les Prussiens, feu partout, » et lui-même fit faire feu à ses troupes. On était à dix mètres. Les Prussiens, répondant à une si courte distance, couchèrent par terre d'un seul coup la section du 40ᵉ de marche. Les compagnies de mobiles de la Charente-Inférieure et de la Haute-Vienne avaient formé les faisceaux. Sans armes, sous un feu terrible de balles et de mitraille, elles furent désarmées. L'ennemi très-nombreux, après avoir franchi le pont, s'empara du château où il trouva une batterie d'artillerie. Les compagnies débandées s'enfuirent dans le parc, dont un grand nombre de soldats réussirent à escalader les murs; le 11 décembre, ils avaient rejoint leur régiment. La route de Tours était libre. La 2e armée de la Loire pouvait désormais se trouver prise entre deux feux.

6. — Le général en chef de la 2e armée de la Loire n'était pas plus né héros que M. Thiers, sur les genoux d'une duchesse. Les choses de la guerre, il les avait apprises tout enfant de son père, un ancien capitaine de cuirassiers, licencié en 1815; l'école de Saint-Cyr, de 1844-1846, vint compléter ces données. Nature énergique, calme, sévère, droite surtout, il n'avait pas laissé s'énerver sa jeunesse dans les hébêtements de la vie de caserne. Il chercha à mettre à profit les loisirs des campements et du bivouac; il trouva moyen d'étudier la guerre en Syrie, sous une malsaine notoriété, grandie encore par l'affaire Doineau, comme d'Hautpoul, sous Pélissier, le grilleur de Bédouins en Afrique. Il peina, il travailla à développer l'intelligence et le bon sens dont il était heureusement doué. Quand éclata la guerre, après avoir passé longtemps dans l'administration des bureaux arabes, Chanzy était arrivé au secrétariat du gouvernement général d'Algérie. Nos malheurs et les succès de nos ennemis furent pour lui un nouveau sujet d'études. A force d'application, il arriva à raisonner la manœuvre qui consistait à déjouer les mouvements de Frédéric-

Charles, aussi clairement qu'il prédisait lors de son voyage à Paris, à la veille de Wissembourg, les défaites de l'armée impériale, et lors de celui qu'il fit à la fin de la guerre étrangère, les tristes événements de mars, avril et mai 1871. Au physique, le général Chanzy portait juvénilement ses quarante-sept ans ; on ne lui en eut pas donné quarante. Sa taille était haute, sa physionomie sympathique ; la vivacité et l'éclat de ses yeux, ainsi que la courbure accentuée de son nez dénotaient une intelligence réfléchie, desservie par une volonté peu commune. Sa bouche fine, abritée sous une longue moustache, blonde et soyeuse comme ses cheveux, tempérait ce qu'il pouvait y avoir de dur dans l'ensemble de son visage.

Il avait pris pour devise : Bien servir ; il y fut fidèle jusqu'au bout.

7. — Chanzy en campagne ne fut pas un de ces généraux qui ne savaient pas un mot des mouvements ennemis. Ce qui a fait et aurait pu faire ses succès, c'est qu'il savait combattre l'artillerie allemande avec notre nouvelle artillerie. Il était bien persuadé de cette vérité que nous avons essayé de mettre en évidence après la victoire de Coulmiers, que nos défaites sont dues surtout à ce que nous sommes restés sur la défensive. Aussi imagina-t-il cette tactique qui a reçu dans le monde militaire la qualification d'*infernale*, et qui consistait à faire changer de position à nos troupes toutes les nuits, pour que l'ennemi eût tout à recommencer et nous tout à oser, mettant ainsi la Prusse dans l'impossibilité de poursuivre ses succès,

et la France en état de profiter de ses qualités natu-
relles. Disons plus ; cet homme que les journaux anglais ont mis si haut, que l'américain Whasburne a
patroné, en face de qui Frédéric-Charles a compris
que l'armée française n'était plus une armée de lions
conduits par des ânes (hélas les lions étaient partis
avec les ânes!), unissait les enseignements du vieil art
militaire, avec les inspirations des temps modernes,
et fondait, dans un même moule, la discipline et la
révolution.

Thiers a eu tort de faire retomber sur Chanzy les
conditions onéreuses des traités de Francfort et de
Versailles, surtout le jour où, en matière militaire, il
voulut avoir raison contre Charreton, d'Hompierre-
d'Ornoy, comme jadis contre Soult dans la discussion
des fortifications de Paris. Je n'ai jamais compris pour
ma part, que le plus célèbre, sinon le plus grand de
nos historiens, ait oublié devant la Chambre que
Turenne, celui que Napoléon, dont la compétence en
matière militaire ne peut être rejetée, proclamait le
plus grand capitaine, ait été plus souvent vaincu que
vainqueur, et que sa gloire grandissait de ses défaites.
Soutenir une autre thèse, c'est subordonner la science
au hasard et la renommée au succès.

8. — Chanzy avait pris position non loin d'Orléans
à Meung, et à Saint-Laurent-des-Bois, près de
la forêt de Marchenoir et sur les deux routes qui conduisent d'Orléans à Tours. Il y fut attaqué le 7 décembre par le grand duc de Mecklembourg. Nous
eûmes affaire à une artillerie nombreuse, évaluée

selon les prisonniers à quatre-vingt-six pièces ayant pris part à l'action, soutenues par de nombreuses bouches de réserve. Les forces ennemies engagées comptaient trois divisions bavaroises et une division prussienne, plus deux mille chevaux, ayant en arrière des forces considérables. L'ennemi fut repoussé jusqu'au-delà du grand Châtre, et nous couchâmes sur nos positions. Les prisonniers avouèrent des pertes considérables chez l'ennemi, du fait de notre mousqueterie, tout en constatant que notre artillerie avait eu un grand effet sur celle de nos adversaires; la bataille se prolongea jusqu'à la nuit close. Le général de division Stephen, de la 1re division de la garde bavaroise, fut blessé d'une balle dans le bras et d'un éclat d'obus dans la jambe. L'effort principal de l'ennemi s'était porté sur Beaugency, en avant de Saint-Laurent-des-Bois; il avait été repoussé de Marolles; tel fut le combat de Josne.

Le 8, une attaque plus générale eut lieu. Chanzy coucha encore sur le champ de bataille. Le combat fut renouvelé le 9, le grand duc de Mecklembourg ayant appelé à son secours un corps de Frédéric-Charles, le 10e, général Voigth Rhetz, qui formait la garnison d'Orléans. Il est vrai qu'il perdait momentanément de Thann, qui permutait avec Voigth Rhetz. De Thann qui avait perdu un quart de son effectif à Coulmiers, un second à Patay, venait de voir le 3e rejoindre les autres, et ses Bavarois avaient bien gagné le droit de mener quelques jours une vie sédentaire.

9*

Chanzy, quoique renforcé du 21ᵉ corps, arrivé enfin du Mans, sous la conduite du général Jaurès, ne pouvait cependant tenir indéfiniment devant Beaugency; ses troupes harassées par huit combats en dix jours, perdaient un peu de terrain à chaque affaire. Hier c'était Cravant, Beaumont et Messas, aujourd'hui Bonvalet, Villarceau et Cernay. Cependant, à la fin de la journée du 10, il montrait encore un front solide entre Josne et Villermain, ayant derrière lui la forêt de Marchenoir. Mais Beaugency venait d'être pris après une lutte brillante, où les francs-tireurs des Deux-Sèvres, commandant Poinsignon, se couvrirent de gloire, et le 10ᵉ corps du général Voigth Rhetz, put filer le long de la Loire dans la direction de Blois. Le général Manstein avec le 9ᵉ corps y arrivait en même temps par la rive gauche et usant du seul pont qui se trouvât sur le fleuve entre Orléans et Tours, il venait se joindre au précédent. Enfin, Frédéric-Charles étonné de cette résistance à des forces doubles faite par des troupes battues à une armée victorieuse et ayant subi des pertes importantes, appelait en toute hâte son troisième corps de Gien, et le concentrait à Suèvres, au sud de Mer. Il était à craindre maintenant qu'ils ne prissent l'armée française par derrière et vinssent en aide aux attaques jusqu'alors infructueuses de Mecklembourg.

9. — Chanzy qui venait de se battre encore le 10, prévint le coup et recula lentement, infligeant à l'ennemi des pertes considérables; il restait toujours parfaitement maître de ses mouvements, et parfois prenait l'offen-

sive; au lieu d'opérer sur Tours, que le gouvernement venait d'abandonner pour Bordeaux, l'habile général préféra marcher sur Vendôme. Les Prussiens tentèrent d'y arriver avant lui, en se dissimulant à travers la forêt de Marchenoir et en passant le Loir au nord de ses positions. Mais le 13, à Morée, ils furent tenus en respect par la 1re division du 21e corps, fortement appuyée par l'artillerie de l'armée de Bretagne en position sur les hauteurs de Rougemont. Mecklembourg suivit alors le cours du Loir, et nous le retrouvons le lendemain à Fréteval, station du chemin de fer de Tours à Paris par Vendôme, dominée par un de ces monts qui bordent le plateau d'Orléans, et sur lequel s'élèvent les ruines d'un donjon formidable. Une très-vive attaque de nuit avait d'abord rendu les Prussiens maîtres de ce mont, mais malgré la force de leur position ils en avaient été délogés le mercredi par le 21e corps, qui, entre autres pertes sérieuses, avait eu un colonel tué, le capitaine de frégate Collet. Ce vaillant officier avait été enterré sur le plateau par ses marins, à genoux, tête nue et recueillis sous la mitraille prussienne.

Le 15, réitération de la tentative en avant de Vendôme. Les divers services avec le sous-préfet avaient évacué la ville à dix heures du matin, par le dernier train qui ramenait le matériel de la compagnie d'Orléans. Le pont du chemin de fer sur le Loir avait sauté après le passage du train qui essuya de la part de l'ennemi un feu de mousqueterie ; tous les ponts jetés sur la rivière avaient été également rompus. Les

Prussiens occupaient avec de l'artillerie les hauteurs de la rive gauche du Loir. Le général Chanzy tenait la ligne du chemin de fer et les collines de la rive droite. Nos troupes résistèrent bien, on se battit jusqu'à la nuit tombante ; l'ennemi fit des pertes assez élevées.

A la suite de cette attaque, Chanzy partagea ses troupes en trois colonnes, 16e et 17e corps dont il se réserva la direction, 21e, armée de Bretagne. Scindant également son matériel de guerre, il se mit à commencer sur le Mans cette retraite qui restera aussi fameuse dans l'histoire que celle de Xénophon et de Moreau. Sous un général inhabile, les deux premières colonnes auraient pu se rencontrer à Epuisay, où la route de Blois rejoint celle d'Orléans ; il n'y eut aucun encombrement, parce que le 21e corps avait l'avance. Arrivé à Saint-Calais, pendant que le 16e et le 17e corps prenaient par Bouloire et Artenay, le corps de Jaurès gagna Connerré, par Berfay et Dollon, suivit la vieille route du Mans, Montfort-le-Rotrou et Fatines, et gagna une des grandes voies qui sortent du Mans, à Savigné-l'Evêque, après avoir traversé Saint-Corneille.

10. — L'armée de Bretagne, de son côté, rentrait au Mans par Cloyes, Droué, Montmirail, Connerré, Saint-Mars-la-Bruyère. Son passage dans le second endroit fut signalé par un fait humiliant et honteux pour nos populations. Ces temps ont été témoins de bien des défaillances, une lâcheté plus vile que celle que nous allons raconter ne s'est pas vue.

7 à 800 Prussiens étaient surpris dans le village de Droué, et ils allaient tomber dans nos mains, mais les habitants, trahison infâme, consentirent à leur donner l'hospitalité et à les cacher si soigneusement, que l'armée française ne put se douter de leur présence. Elle passa donc en grand nombre et longtemps. Cinq à six mille hommes même firent halte et les cavaliers allaient au fourrage. A l'arrière-garde chargée de protéger la retraite étaient deux compagnies de marins, commandées par le lieutenant de vaisseau Rodellec, qni se pressait encore moins que les autres. Quand le gros du corps fut passé et qu'il n'y eut plus que peu de monde, nos ennemis sortent des retraites que leur avaient ménagées nos compatriotes, par les fenêtres, par des trous pratiqués dans le plancher du premier étage, ils tirent tout-à-coup sur nos hommes attendant tranquillement dans la rue ou dans les rez-de-chaussées le moment du départ. Le commandant Rodellec, frappé au côté gauche, ne survécut que peu d'instants à sa blessure.

Le général Gaugeard eut le temps de faire empoigner le maire et quelques notables, dont un châtelain qui avait logé à lui seul au moins un quart des ennemis. La justice militaire eut bientôt un cours auquel tout le monde applaudira. Ce fait dépasse même les actes de ce conseil municipal qui allait requérir sur le territoire d'une commune voisine des bestiaux pour alimenter des troupes prussiennes.

11. — L'ennemi cependant ne dépassa pas Saint-Calais. Le 25, cinq à six mille Prussiens entrèrent

dans cette ville; après avoir lancé des obus et fait une réquisition de 20,000 francs, ils se retirèrent dans la soirée. Mais ils avaient prétendu que nous étions vaincus, avaient traité de lâches des gens qui ne pouvaient leur répondre, et soutenaient qu'ils subissaient la volonté du gouvernement de la défense nationale, qui les obligeait de résister alors qu'ils voulaient la paix (c'était malheureusement trop vrai). Aussitôt le général Chanzy adressa à son armée un ordre du jour portant à sa connaissance une protestation qu'il adressait au commandant prussien à Vendôme par un parlementaire. Il était sûr que tout le monde partagerait son indignation et son désir de venger de telles injures; voici cette protestation :

« J'apprends que des violences inqualifiables ont été exercées par les troupes sous vos ordres, sur une population inoffensive. Malgré de bons traitements pour vos malades et vos blessés, vos officiers ont exigé de l'argent et autorisé le pillage. Cela constitue l'abus de la force, qui pèsera sur vos consciences, bien que le patriotisme de nos populations saura le supporter, mais il est impossible que vous ajoutiez à cela une injure gratuite..... Je proteste, et je proteste avec le droit que me donne pour parler ainsi la résistance de la France entière, et celle que l'armée vous oppose, armée que vous n'avez pu vaincre jusqu'ici. Nous affirmons de nouveau ce que notre résistance vous a déjà appris ; nous lutterons avec la conscience du droit et la volonté de triompher, quels que soient les sacrifices nous restant à faire; nous lutterons à outrance, sans trêve ni merci. Il s'agit aujourd'hui de combattre, non plus des ennemis loyaux, mais des hordes dévastatrices, qui veulent uniquement ruiner toute une nation, prétendant conserver son honneur, son indépendance et son rang. »

C'est à un subordonné du duc de Mecklembourg que s'adressait cette belle page.

12. — Qu'était devenu Frédéric-Charles ? Après avoir rappelé son 9ᵉ corps de la rive gauche de la Loire, et fait avancer le 3ᵉ de Beaugency pour marcher sur Vendôme rejoindre le 10ᵉ qui opérait avec Mecklembourg, arrivé à Vendôme le 17, il dut rebrousser chemin. L'évacuation de cette ville rendait sa concentration inutile. Il reporta le 18 son quartier-général à Meung et le 19 à Orléans.

La 6ᵉ division de cavalerie avait pris Vierzon, mais un bataillon bavarois resté en garnison à Gien, rapportait que des forces assez nombreuses apparaissaient dans les environs. C'est pourquoi Frédéric-Charles fit remonter la Loire à quelque partie de son armée pour défendre encore la ligne d'investissement de Paris de ce côté, refouler le corps français qui s'y trouvait, ou tout au moins le surveiller, et lui couper définitivement ses communications avec la deuxième armée de la Loire, si ce mouvement entrait dans son plan. D'ailleurs, il était forcé d'étendre le plus possible ses lignes dans l'Orléanais, les réquisitions étant désormais impossibles dans la Beauce, où les habitants avaient peine à se nourrir eux-mêmes.

Après la prise d'Orléans, le 4 décembre, une partie

de l'armée d'Aurelles de Paladines, nous le savons, avait passé la Loire dans le plus grand désordre. La légende raconte même que des fuyards furent arrêtés à Montpellier. Bourbaki, le brillant chef de l'ex-garde impériale, mais échappé de Metz par un mystère qui n'a jamais semblé correct, était mis à la tête de ces débris et chargé de les réorganiser à Bourges. Il réussit à constituer deux corps, le 18e et le 20e, en les renforçant des divisions du 15e qui n'avaient pas été données à Chanzy. Depuis la destitution de Martin des Pallières, ce corps, le plus vieux de l'armée de la Loire et même des corps en province, était supprimé. On réunit également à Bourbaki le 24e corps qui jusque-là avait opéré sous le commandement de Bressolles, c'était une armée d'environ 120000 hommes.

De nombreuses escarmouches, quelques rencontres heureuses pour nos armes, près de Gien, Briare, Bonny et Neuvy-sur-Loire, aux environs de Noël, témoignèrent du retour de vitalité de notre armée. Mais bientôt Frédéric-Charles abandonna une marche sur Bourges et Nevers qu'il avait esquissée, et qu'il était d'autant plus naturel de lui supposer, qu'il avait eu déjà ce plan assigné par l'état-major général Prussien, avant que l'insuccès de Coulmiers ne lui fit quitter Auxerre pour Sens. Il fit prendre au corps d'Avensleben le chemin d'Orléans par la vallée du Cher. Il ne voulait pas suivre Bourbaki qui entreprenait alors sa campagne de l'est, où il rencontrerait une autre armée prussienne; peut-être encore avait-il besoin de toutes ses forces pour converger avec Mecklembourg contre Chanzy, comme il avait déjà été fait contre d'Aurelles de Paladines dans le Loiret. Non-seulement, de tous les adversaires des Prussiens, le commandant de la deuxième armée de la Loire était le plus rapproché de Paris, le plus à même de se ravitailler en troupes et en vivres, étant adossé à la Bretagne sur quatre lignes de fer, et voisin du camp de Conlie, mais encore il avait pris l'offensive, et le seul corps prussien qui fut alors entre la Loire et la Sarthe avait fort à faire.

13. — Un second corps pendant ce temps descendait la Loire et parcourait sa rive droite. Il se trouvait en tout ou partie le 20 décembre à Notre-Dame-d'OE. Le général Pisani, qui occupait cette bifurcation, s'y maintint jusqu'à midi, et même essaya de son côté une attaque simultanée à Monnaie, mais dans la soirée il fut tourné à sa gauche par l'ennemi qui traînait à sa suite une nombreuse artillerie, et obligé de faire retraite sur Tours. Son retour offensif avait tué beaucoup de monde aux Prussiens, et leur avait fait soixante prisonniers. En revanche dans notre retraite les pertes françaises furent considérables.

Le lendemain à onze heures, un détachement prussien, venant de la route de Paris, s'engagea sur le pont de Tours, où se trouvait une foule nombreuse. Arrivé sur le milieu du pont, des coups de révolver ayant été tirés sur le détachement, il rebroussa chemin et se retira en haut de la Tranchée. Aussitôt des canons qui étaient en batterie sur ce point, commencèrent à canonner la ville, puis des obus furent lancés sur différents points de la cité. Les résultats de cette canonnade ne se bornèrent malheureusement pas à des dégâts aux édifices publics, tels que le fronton de l'hôtel-de-ville et les reverbères du musée, ni aux maisons particulières. Plusieurs morts furent à déplorer. La principale, et la seule que nous enregistrons ici, fut celle de **M. Paul Beurtheret**, rédacteur de *l'Union libérale*, qui, se rendant à son hôtel à onze heures un quart, fut tué au coin de la rue Chaude par un éclat d'obus qui lui enleva le crâne. Accourant en toute hâte à l'hôtel-de-ville, le maire fit aussitôt hisser sur l'édifice le drapeau parlementaire, et se rendit à la Tranchée avec ses adjoints, pour s'entendre avec le commandant des forces prussiennes, et faire cesser la canonnade, qui évidemment fut suspendue à l'apparition du drapeau blanc. Mais l'absence du général en chef, dont le quartier général était à une certaine distance de la ville, ne permit pas à l'administration municipale de traiter séance tenante. Le commandant qui effectuait le bombardement n'avait qu'une mission limitée.

14. — Que faisait cependant la délégation de province? A la fin de septembre, elle avait mobilisé tous les célibataires au-dessous de quarante ans. Dans les premiers jours de novembre, les nouvelles levées quittèrent leurs domiciles, pour endosser les uniformes que leur distribuaient les départements trompés par les fournisseurs, et pour apprendre la manœuvre avec d'anciens fusils, en attendant les armes que le gou-

vernement allait recevoir d'Amérique. Pour ce, on avait requis les fusils des pompiers et ceux des bataillons sédentaires de la garde nationale, enfin les fusils de chasse devaient être employés en cas d'insuffisance. Qui dans l'avenir pourra le croire de ce peuple français, jusqu'ici si brave et si généreux ? La moitié de la France était envahie, et cependant il se trouva des journalistes pour soutenir que cette levée était exorbitante. L'apathie des campagnards, qui n'avait pas besoin de se cacher derrière un principe, s'en prévalut, et les réfractaires furent nombreux. On vit dans la commune de Courlay, arrondissement de Bressuire (Deux-Sèvres), sous prétexte d'une religion, la petite Église, qui leur défendait de verser le sang de leurs semblables, la moitié d'une compagnie refuser d'abord de se laisser habiller, finalement déserter pour se cacher dans les bois. Néanmoins ces contingents formèrent encore un et demi et même deux pour cent de la population totale. Déduction faite des départements envahis et des cas impérieux de réforme, l'on put compter encore sur quatre cent mille hommes.

Leur emploi n'était pas sans difficultés considérables; il fallait d'abord former des cadres, et l'on n'avait pas plus d'officiers de profession que l'on n'en avait rencontré pour la mobile. D'ailleurs cette levée n'étant qu'une mobilisation de la garde nationale, les principes démocratiques interdisaient d'autres moyens d'en trouver que l'élection. Le choix se porta, pour les sous-officiers, sur des employés de commerce, des clercs de notaire, et pour les officiers, sur des propriétaires ruraux, sur d'anciens caporaux et sergents de l'armée. Les bataillons, les légions et les départements furent commandés par des officiers en retraite, souvent empruntés à la marine. Certes, il y avait là plus d'éléments que dans la mobile, où les officiers étaient presque tous des nobles ou des jeunes gens de professions libérales, qui n'avaient jamais touché un fusil de leur vie. Aussi le maniement d'armes fut-il rapidement appris. Mais le défaut d'autorité des officiers sur leurs soldats, dont ils avaient été les camarades, et souvent les domestiques, l'incapacité de tous à l'administration, la difficulté de faire prendre à trente-cinq ans les habitudes militaires, enfin le mauvais vouloir de la plupart furent les premières causes de faiblesses insurmontables. On crut en venir à bout en envoyant les troupes dans les camps.

15. — M. Gambetta s'inspirant des fameuses lignes de Torrès Vedras, dont Wellington s'était servi dans la guerre d'Espagne, pour résister contre Napoléon, et dans la suite pour le vaincre, conçut un projet grand et subit. Un décret du 25 novembre ordonna la création de 11 camps pour l'instruction et la concentration des troupes. Ils devaient être établis dans le voisinage des grandes villes, et recevoir les contingents de toute catégorie des départements environnants. Ces camps étaient situés près de Bordeàux, Cherbourg, Clermont-Ferrand, Conlie, Lyon, Montpellier, Nevers, Pas-des-Lanciers, La Rochelle, Toulouse, Saint-Omer. Chacun devait contenir soixante mille hommes au moins; les camps de Saint-Omer,

Cherbourg, La Rochelle et Pas-des-Lanciers, à raison de leur position près la mer, devaient contenir chacun deux cent cinquante mille hommes et être appelés camps stratégiques, pour les distinguer des autres appelés camps d'instruction. En cas de prise de Paris, c'eût été les boulevards de la France. L'emplacement des camps devait être déterminé et les travaux en voie d'exécution, dans les cinq jours qui suivraient ce décret.

Quatre cent mille hommes ne suffisaient pas ; un décret du 2 novembre avait mobilisé les hommes mariés ou non, au-dessous de 40 ans, et quoiqu'en aient dit les réactionnaires ou les maladroits défenseurs de M. Gambetta, ça n'avait pas été une vaine concession faite à l'avant-garde démocratique des villes du midi ; ce fut un projet sérieux que diverses circulaires et divers décrets successifs vinrent réglementer. Les jours de la révision ont été même fixés dans beaucoup de départements. Si l'on renonça à la mobilisation des mariés, c'est devant leur mauvais vouloir ; ils ne seraient jamais partis, et les gendarmes organisés en régiments actifs contre l'ennemi, n'eussent pas été assez nombreux aux chefs-lieux de canton pour incarcérer tous les réfractaires. D'un autre côté, Gambetta craignait de trop embrasser, de disperser son attention sur trop d'objets, et de ne pas la concentrer assez sur des objets principaux, en se perdant dans les détails ou dans les projets grandioses. La mobilisation des hommes mariés fut remplacée par la levée de la classe 1871, avancée ainsi d'un an, par suite de la suppression du remplacement, elle pouvait donner deux cent mille hommes.

16. — Cependant la mise en route des mobilisés et autres contingents pour les camps devait avoir lieu entre le 1ᵉʳ et le 10 décembre pour les mobilisés du premier ban, et pour les mobilisés des autres bans (hommes mariés) entre le 20 et le 30 décembre. Le projet ne réussit pas. La lenteur et la routine de l'administration provinciale n'exécuta pas les travaux nécessaires dans le temps fixé, et le premier ban des mobilisés, le seul qui fut mis en route, trouva à son arrivée un cantonnement insuffisant. Peut-être était-ce à eux de le compléter, puisque les soldats en tout temps ont travaillé aux fortifications et aux travaux militaires, surtout en temps de guerre ; mais ils ne voulurent pas, et les chefs n'insistèrent pas, préférant loger eux-mêmes chez les habitants des villages voisins. On eut ainsi tous les inconvéniens de la vie de garnison, sans ses légers avantages. La rigueur exceptionnelle de la température de l'hiver fut un nouveau prétexte d'accuser cette institution. A l'épreuve du froid vint se joindre l'épidémie, suite de toute agglomération, et souvent aussi le manque de vivres, par l'ignorance où étaient les fourriers de l'heure des distributions, de l'endroit où elles se faisaient, et de leur indifférence à ce sujet. Après avoir coûté beaucoup d'argent, ces légions se fondirent et furent en quelque sorte détruites avant de combattre ; pourtant à la signature de l'armistice,

elles étaient presque toutes habillées, armées et en route pour rejoindre des corps en formation, ou compléter les vides de Chanzy, Bourbaki ou Faidherbe.

Pour commander les camps et les levées que l'on appela ou qu'on avait le dessein d'appeler, il fallait de nombreux généraux ; on employa ceux qui s'étaient montrés moins dignes d'un rôle plus actif ; on en créa au fur et à mesure qu'il en était besoin. Les anciens députés qui avaient appartenu à un grade quelconque de l'armée, Carré-Kerisouet, Estancelin, de Kératry ; des journalistes qui avaient tenu l'épée avant la plume, témoin, Léonce Detroyat ; des écrivains d'énergie comme Lissagaray ; des administrateurs civils qui souvent avaient déployé un courage inconnu aux militaires, tel qu'Anatole de la Forge, furent faits, pour la durée de la guerre, généraux de division. Des ingénieurs civils furent placés près des camps, et un vice-président civil, pris parmi les républicains qui avaient de l'influence dans les régions, eut mission de surveiller l'instruction et d'activer les préparatifs, en levant bien des formalités.

17. — Pendant tout le mois de décembre, la fécondité de M. Gambetta, en circulaires et en décrets, fut tout aussi grande ; il montra une louable activité pour renforcer et perfectionner notre artillerie ; le service administratif des armées attira aussi son attention. Il voulut joindre le génie civil au génie militaire ; il attacha une quarantaine d'ingénieurs, conducteurs des ponts et chaussées à chaque corps

d'armée. M. Freycinet joua un grand rôle dans toutes ces combinaisons.

Pour couper court à l'éloignement sans excuse ou trop prolongé des champs de bataille, par des soldats et même des officiers qui rentraient chez eux, à la suite de la plus légère maladie ou blessure sans permission, et faisaient plus tard régulariser leur position près de l'autorité militaire par des influences locales, il fut interdit aux chefs de corps et commandants territoriaux de donner à l'avenir des congés de convalescence; des dépôts, pour les victimes de la guerre en voie de guérison, furent désignés dans les villes du midi, et les militaires durent y être évacués, après leur séjour dans les ambulances des gares de chemin de fer, dont certaines avaient été indiquées comme dépôts provisoires. Visite à l'entrée, contre-visite à la sortie étaient rigoureusement prescrites.

Innombrables et souvent ingénieuses sont les mesures auxquelles le jeune ministre de la guerre eut recours, pour réparer toutes les lacunes et écarter tous les désordres.

LIVRE VII

—

LE MANS

Suspension tacite des hostilités. — Les Isolés. — Mesures
prises pour réorganiser les deux armées de la Loire
— Travaux de défense devant le Mans. — Suspension tacite des hostilités. — Les généraux Jouffroy et
de Curten se mettent en marche sur le Loir, où ils livrent
plusieurs combats. — La division Rousseau qui remontait
en même temps l'Huisne, arrivée à la Fourche est obligée
de s'arrêter. — Combat de Connerré. — Température.
— Combats le 10 et le 11 sous les murs du Mans. — Les
zouaves pontificaux. — Panique de la Tuilerie. — Retraite
des corps français. — Entrée des Prussiens au Mans.
— Les morts dans les rues. — Charges imposées aux
habitants. — Deuxième sortie de Paris. — Combat de
Montretout. — Emeute du 22 janvier.

1. — Cependant notre armée principale était arrivée
au Mans, où elle espérait se refaire et de là marcher à la
victoire. Certes, il était permis d'avoir confiance et de
croire au succès, à la suite d'une retraite accomplie
avec une telle liberté d'allures, par d'aussi jeunes

10*

troupes, et malgré les attaques incessantes d'un ennemi toujours victorieux. La chose était tellement nouvelle que l'Europe admirait le talent du chef et que
l'Allemagne s'étonnait. Les hostilités restèrent sus-
pendues pendant une dizaine de jours par un accord
tacite. Les troupes de Frédéric-Charles avaient pris
les positions déjà indiquées, elles y complétaient leurs
approvisionnements et leurs équipements. Après les
marches qu'elles avaient faites et les combats qu'elles
avaient livrés, ce repos, d'ailleurs, était bien mérité.
Mecklembourg, en même temps, se concentrait près
de Chartres où de Thann allait le rejoindre. Tous les
corps étaient renforcés, et les forces allemandes pouvaient être évaluées à 150000 hommes. Nous en
avions toujours à peu près autant, toujours divisés en
trois corps : le 16ᵉ, sous le contre-amiral Jauréguiberry,
le 17ᵉ, sous Colomb, le 21ᵉ, sous Jaurès. Ils étaient
placés sur une ligne tirée d'Alençon à la Châtre, dans
l'ordre où nous venons de les nommer, de sorte que
le corps de Jaurès formait l'extrême gauche.

Aucun engagement n'est donc à signaler aux environs de Noël. Seuls, nos francs-tireurs, et en particulier ceux du comte Lipowski, faisaient beaucoup de
mal à l'ennemi. Un officier anglais, qui suivait l'armée
de Frédéric-Charles, témoigne que chaque jour vingt
cavaliers prussiens au moins tombaient frappés par
des balles invisibles. Ainsi, le 25, ils enlevèrent
un courrier allant de Châteauneuf-en-Thimerais à
Nogent-le-Roi et firent plusieurs prisonniers. Deux
jours après, entre Pontgouin et la Loupe, ils attaquaient

une reconnaissance de cavalerie, échangeaient une vive fusillade, et tuaient ou blessaient un certain nombre d'ennemis; aucun franc-tireur n'avait été atteint par les balles prussiennes.

2. — Pendant ce temps voici ce que devenait le gros de l'armée. Le général Chanzy en sûreté ne perdit pas de temps, la première chose urgente était le rapatriement dans leurs corps des isolés. Un dépôt fut établi à Sargé, où la prévôté amena tous ceux qu'elle avait trouvés sur le parcours du chemin. Qui le croirait, leur nombre ne s'élevait pas à moins de onze mille! Il faut avoir fait la campagne pour avoir une idée de ces isolés. A Busloup, où nous campions dans un terrain tel qu'il fallait mettre des petites baguettes de bois en croix, du genêt avant la paille, et faire autour de la tente de vrais conduits de drainage; où un bœuf de l'intendance a disparu dans la boue d'une tranchée; et où un fantassin aurait eu infailliblement le même sort s'il n'eût mis son fusil horizontalement, comme font les chasseurs perdus dans les fondrières, j'en ai vu passer pendant toute la journée sous une pluie battante. J'étais assis au feu du bivouac, près de la marmite où bouillaient le riz et le lard de l'intendance, et aussi loin que mon œil pouvait s'étendre sur la grande route, ce n'était qu'isolés. Les gueux, tracés par la main de Callot, n'approchaient pas de ces types. L'un avait remplacé son képi perdu par un mouchoir, un autre portait un chapeau de paysan, un troisième allait tête nue. Même variété dans la chaussure, depuis les bottines claquées

vernies jusqu'aux sabots, toutes s'y retrouvaient, quelques-uns même n'avaient que celles d'Adam. Ils s'avançaient, leurs fusils couverts de rouille en bandouillère, appuyés sur de gros bâtons arrachés dans des bois, traînant la jambe, grignotant un morceau de biscuit, ou humant une goutte d'un bidon toujours plein. Leurs vêtements, qui flottaient au gré des rafales du vent, étaient en lambeaux et couverts de boue de la tête jusqu'aux pieds; et pourtant tous cès gens-là avaient couché dans les fermes le long de la route, et c'était là qu'on leur avait donné cette toilette fantaisiste, quand ils ne l'avaient pas volée. Ils se battaient rarement, la recherche de leurs régiments avait été élevée par eux à la hauteur d'un exercice et même d'une profession.

3. — Comme les troupes avaient été au moment de leur départ équipées pour une campagne d'été ou d'automne tout au plus, au point que les mobiles des Deux-Sèvres n'avaient encore à la fin de décembre que leurs vareuses avec des limousines légères qui laissaient passer l'eau, le général en chef songea à les pourvoir en rapport avec la saison. Les vêtements usés ou en lambeaux furent d'abord remplacés, puis chaque soldat reçut une capote et une couverture. Aucune mesure pour reconstituer les corps ne fut négligée, les nominations aux emplois vacants furent faites au plus vite. Les hommes qui n'avaient pas de nécessaires d'armes ou d'aiguilles à chassepot en furent pourvus. Les rations de riz furent augmentées par mesure d'hygiène, l'eau-de-vie pour qu'on se ré-

chauffât au moins l'intérieur. Les troupes furent cantonnées, les réquisitions interdites pour ne pas gêner les habitants. Les officiers durent renoncer à ces habitudes de promenades, qui dans les jours de répit se ressentaient encore de la vie de garnison. Ils ne purent aller au Mans sans permission du général en chef. Défense de tirer aucun coup de fusil dans les lignes sous les peines les plus sévères. Des changements de positions furent ordonnés entre les troupes pour qu'elles ne s'amollissent pas par l'habitude du même cantonnement. Des reconnaissances journalières étaient faites. Deux exercices par jour furent obligatoires, et tout le monde dut être, à chaque heure, prêt à prendre les armes. Enfin, les cours martiales épurèrent toutes les procédures en retard, et comme avait fait Aurelles de Paladines avant Coulmiers, Chanzy ne laissa impuni aucun acte d'insubordination ou de mendicité auprès de l'habitant. De Noël au 1er janvier, huit soldats et deux officiers furent condamnés à mort et exécutés.

Le matériel était également mis en état. Les ambulances surtout furent l'objet de grands soins, et il n'y eut plus désormais de médecins militaires sans trousses. Étonnante est la quantité de courage que le soldat perd, quand il sait que la plus légère blessure empirera parce qu'il ne sera pas soigné ou le sera mal, faute de remèdes. Quelle occasion de fuite aussi est la chute d'un camarade qu'on s'empresse de relever quand les brancardiers absents en fournissent le prétexte. Quatre hommes au moins trouvent moyen de ne pas revenir à chaque blessé ; lorsque c'est un sergent, les deux caporaux l'emportent, et si c'est le capitaine, le général peut chercher en vain la compagnie. Ç'a été une des causes de victoire des Prussiens que la supériorité de leur organisation ambulancière. Chez nous, je comprends parfaitement que les chefs défendent d'emporter les blessés, et j'ai vu de vieux sous-officiers atteints, et préférant le salut du pays à leur existence, employer les efforts que leur permettaient encore le peu de sang resté dans leurs veines, pour s'opposer à ce que les hommes de leurs sections les relevassent.

4. — Pendant toute cette reconstitution, on employa l'armée à fortifier les environs de la ville. Des éclaircies furent faites dans les bois verts, aux penchants des côteaux et sur les sommets, les murs naturels qui bordent les chemins creux et qu'a formés la terre en s'agglutinant au pied des arbres, étaient éventrés pour qu'on put mettre les pièces en batterie. Les tranchées, les épaulements, les mines dans les culées des ponts, tout fut préparé en vue d'une prochaine attaque, et les environs de la ville présentèrent bientôt l'ancien aspect d'Orléans ; mais nous ne devions pas avoir plus de chance, et le Mans fut encore le témoin de la chute de la France.

En effet, en 1392, Charles VI, voulant tirer de Pierre de Craon vengeance de l'assassinat de Clisson, avait, sous ces mêmes sapins, vu sortir un charbonnier qui lui criait : Arrête, noble roi, tu es trahi. En traversant ces mêmes plaines de sable, son page avait laissé tomber une lance sur son casque ; le roi réveillé en sursaut était devenu fou. Cette folie avait été le préliminaire de la défaite d'Azincourt, de la prise de Paris et d'une guerre civile terrible, commencée aussi au nom des prétentions communales, après lesquels un Henri V avait été proclamé roi de France. Puissent ces deux drames, malgré la similitude des premiers actes, n'avoir pas le même dénouement !

5. — Avant de prendre l'offensive avec le gros de son armée, Chanzy détacha, dans les derniers jours de décembre, plusieurs colonnes mobiles. L'une d'elle s'avança dans la région du Loir, du côté de Vendôme. Le 27, nous culbutions l'ennemi vers Montoire, et nous le poursuivions à 5 kilomètres au-delà de cette ville. Dans ce brillant engagement, cent prisonniers, plusieurs caissons des équipages étaient tombés entre nos mains. Les Prussiens se retirèrent sur Château-Renault, avec deux officiers tués et plusieurs blessés. A notre gauche, une autre colonne d'avant-garde remontait l'Huisne. Près de Cherré, un escadron de chasseurs et deux compagnies du 58ᵉ de marche exécutèrent un joli coup de main, à la barbe de cinq à six mille Prussiens, cantonnés à la Ferté-Bernard. Partis à dix heures du soir, malgré un froid horrible, ils cernèrent une ferme où se trouvaient trente cavaliers prussiens, et, à trois heures de l'après-midi, un peloton de cuirassiers blancs de cinquante hommes, et trois officiers étaient pris.

6. — Le 31, continuant sa marche vers le sud, le général Jouffroy rejetait l'ennemi sur la rive gauche

du Loir et s'emparait d'excellentes positions en face Vendôme; nous fîmes deux cent prisonniers; en même temps une reconnaissance poursuivait de la Bazoche-Gouet à Courtalain un détachement prussien qui laissait soixante-cinq morts sur le terrain. Le 1ᵉʳ janvier nous confirmions nos succès des jours précédents à Longpré et à Saint-Amand, où les avant-postes ennemis étaient repoussés, tandis que les cavaliers algériens avaient un brillant succès en avant de Lavardin. Le 2, un parti ennemi était surpris à Lancé et nous laissait quinze prisonniers, un convoi de fourrages et de bestiaux. Il s'enfuyait sur Vendôme avec dix hommes hors de combat. A Huisseau, nos tirailleurs sans éprouver de pertes faisaient beaucoup de mal à l'ennemi. Ainsi, ayant tourné Vendôme par le sud, nous n'étions plus qu'à cinq lieues de Blois, et sur la route de Paris à Nantes, notre grand' garde la plus avancée était à trente lieues de la capitale. Mais nous ne devions jamais aller plus loin.

Frédéric-Charles venait de quitter Orléans avec toutes ses forces, ne laissant dans cette ville que cinq bataillons hessois, en même temps que Mecklembourg quittait Chartres. Tous deux marchaient parallèlement sur le Mans. C'est le 4 janvier que le prince se mit en marche. Ses forces étaient ainsi disposées : le 10ᵉ corps, parti de Blois vers l'ouest, le 3ᵉ, de Beaugency, devant passer au sud de la forêt de Marchenoir, le 9ᵉ, au nord de cette forêt. Le quartier-général s'était tracé les étapes suivantes : le 5 janvier, Beaugency, le 6, Oucq, le 7, Vendôme, le 8, Saint-Calais, le 9,

Bouloire, le 10, Ardenay, et nous allons voir que ce plan s'exécuta, non sans encombre, mais encore qu'il s'exécuta.

Nous ne tardâmes pas à être attaqués dans nos positions avancées. Le 5, Chanzy télégraphiait que ses avant-postes avait repoussé les Prussiens, mais le flot ennemi grossissait toujours. A l'est de la forêt de Marchenoir, le 3ᵉ corps vint se joindre au 10ᵉ. Le 6, l'ennemi se précipita sur les villages de Ville-chauve, Villeporcher, Saint-Cyr-du-Gault, que nous occupions entre Saint-Amand et Château-Renault ; nos lignes furent d'abord forcées et la colonne du général de Curten recula jusqu'à Neuville. Mais nous reprîmes l'offensive, grâce à l'artillerie du général Jouffroy qui commença à tirer vers deux heures et demie, et à la nuit tombante, le général de Curten venait de réoccuper Saint-Amand ; son collègue n'avait obtenu ce résultat qu'en sacrifiant quelques-unes de ses propres positions. L'ennemi s'était retiré sur Vendôme, ayant beaucoup souffert, si l'on en juge par les blessés que nous trouvâmes sur le champ de bataille, et avait laissé entre nos mains pas mal de prisonniers. Ceci ne l'empêcha pas de revenir le lendemain en grande force, mais sans plus de succès, du côté de Ville-porcher. Malgré l'absence à l'appel des mobiles de l'Isère, nous fîmes des prisonniers. Le 8, nouvelle attaque aux environs de Château-Renault, et des plus violentes de Saint-Cyr-du-Gault à Authon. Néanmoins, sauf ce dernier village, toutes nos positions furent encore conservées.

7. — En même temps, le 6 sur notre gauche, les avant-gardes de Mecklembourg attaquaient la Fourche. La croisière et les maisons étaient gardées par un demi-bataillon de chasseurs à pied et autant de mobiles des Deux-Sèvres, appuyés de trois petites pièces d'artillerie de marine. Elles étaient déjà démontées et la clef de la position était évacuée; pas mal d'officiers et de soldats étaient morts ou blessés quand le général Rousseau se porta au secours de son avant-poste avec des mitrailleuses, le 51e de marche, un escadron de chasseurs et les francs-tireurs Lipowski. Ces forces ne purent que prolonger la lutte, et faire du mal à l'ennemi qui se maintint sur le terrain conquis. Nogent-le-Rotrou que dans l'après-midi un parti de cavalerie prussienne était venu reconnaître et dont il avait enlevé la garde sur la route de Beaumont-le-Chartif, étant dominée, il fallut rétrograder dans la direction du Theil, près duquel la queue de la colonne fut attaquée le lendemain soir. Les chasseurs à pied, commandant Lombard, les mêmes qui avaient perdu plus d'un tiers de leur effectif à la Fourche, couvrirent la retraite avec un bataillon de mobiles de la Corrèze. A la Ferté-Bernard des renforts étant arrivés du Mans, le général de division fut sur le point d'accepter un nouveau combat, mais Chanzy ne voulant pas envoyer d'artillerie plus loin que Connerré, de peur de la voir tomber entre les mains ennemies, force fut bien de prendre autour de ce bourg de nouvelles positions. Cette marche de Mecklembourg et de nouveaux efforts de Frédéric-Charles, contraignirent notre seconde

colonne à un mouvement de retraite. Elle repassa le Loir pour être plus près du Mans, et se retira derrière la Bray. Mais après une défense vigoureuse à Epuisay, contre l'avant-garde du 9e corps, il fallut se retirer devant l'approche du 3e qui n'avait été retardé que par la destruction des routes et par les barricades.

Le 8, les colonnes allemandes étaient à Nogent-le-Rotrou sur la droite, à la Châtre sur la gauche, à Vibraye au centre où elles avaient failli cerner la brigade de Cathelineau. Le lendemain nouveaux progrès ; les avant-postes de Mecklembourg apparaissent à Belesmes et à Mortagne ; Frédéric-Charles entre à Saint-Calais. Après une résistance énergique au Luard, à Thorigné où les marins essayèrent de faire la nuit une charge à la baïonnette et n'y réussirent qu'après avoir eu dix-neuf des leurs atteints de balles qui partaient des maisons où étaient retranchés les Prussiens ; à la Belle-Inutile, ferme située sur la grande route du Mans à Chartres et qui, par son élévation, commande la région, le général Rousseau ayant perdu ses convois et sur le point d'être cerné dans Connerré, fut obligé de repasser l'Huisne avant le jour et de gagner à travers les sapins Montfort-le-Rotrou, quartier-général du 21e corps. Dans cette affaire, nous avions eu devant nous le 9e corps prussien qui avait reçu mission de rétablir les communications avec la gauche de Mecklembourg. Le même jour il y avait eu un engagement entre le 3e corps et les troupes de Chanzy, près le château d'Ardenay, situé à 11 kilomètres en avant de Bouloire. Le temps des combats secondaires était passé, les grands coups allaient être frappés.

8. — La température qui, aux approches du nouvel an, s'était un instant adoucie, avait repris sa rigueur ; les cours d'eau étaient pris, la neige tombait par intervalles, et les rafales de vent à travers les sapins du Maine la fouettaient dans le visage des fantassins. La cavalerie, n'ayant point de chevaux ferrés à glace, avançait avec peine, et d'ailleurs la nature du terrain rendait son rôle forcément effacé. Quant au canon qui réussissait à se mettre en batterie, il faisait en roulant ce bruit mat, sourd et lugubre, bien connu des Parisiens lorsque les charrettes, pleines jusqu'aux ranches, des maraîchers de Montreuil ou de Clamart passent dans le silence de la nuit, pour se rendre aux halles, sur les chaussées du 5ᵉ et du 6ᵉ arrondissement, minées par les égoûts et par les catacombes. Beaucoup de sentinelles aux avant-postes avaient été trouvées gelées ou congestionnées par le caporal qui venait les relever, et tous les matins des malades prenaient en longues files la route de l'hôpital. Qui saura jamais le nombre de pieds gelés et de maladies de poitrine, que ces bivouacs prolongés et sans feu, pour ne pas dévoiler notre présence à l'ennemi, ont vu éclore ? La picote faisait des ravages dans l'intérieur de la France ; c'était bien autre chose dans les agglomérations de soldats ; elle a tué plus d'hommes que le feu. Tout souffrait, jusqu'aux bêtes en proie au typhus.

9. — Nous occupions Montfort, Champagné, Ivré-

l'Évêque, Parigné-l'Évêque et Jupille. C'est là que le 10 nous attaqua l'armée de Frédéric-Charles, et ce fut une véritable bataille, car aux 60000 hommes que le feld-maréchal mit en avant, nous en opposâmes au moins autant. L'affaire fut chaude et chaudement disputée au sud-est du Mans. Une brigade commandée par le général Rebel opposa à Jupille une héroïque résistance, et tint pendant six heures contre des forces considérables, qui ne purent occuper le village qu'à la chute du jour. Autour de l'auberge Saint-Hubert entre Ardenay et Ivré-l'Évêque, le centre des Allemands avait été longtemps repoussé.

Nous dûmes cependant nous replier devant la crainte de la jonction de Frédéric-Charles et de Mecklembourg. Le 16ᵉ et le 17ᵉ corps se retirèrent au raz de la petite rivière de l'Huisne affluent de la Sarthe, un peu en avant et sous les murs du Mans. Ces positions définitives avaient été assignées par le général en chef lors des travaux de défense. D'ailleurs la bonne organisation de nos troupes et de notre matériel persistait, au point qu'un officier Anglais qui avait été admis à l'état-major de Chanzy, y rend hommage. Les prisonniers faits sur plusieurs points avouaient que l'armée prussienne, qui déjà avait eu beaucoup de morts et de blessés depuis quelques jours par notre mousqueterie, avait plus souffert que nous. La dépêche qu'adressa notre général en chef à Bordeaux en donne un exemple. Dans une brigade, celle à laquelle appartenait le 35ᵉ fusilier, le général Ruthmaler avait été blessé, le major tué, l'adjudant de brigade tué, l'adjudant du régiment et plusieurs officiers également tués. Cependant les Prussiens prétendirent nous avoir fait des prisonniers en nombre tel qu'ils ne savaient où les loger dans la petite ville d'Ardenay. Deux mitrailleuses avaient été leurs trophées les moins contestables dans cette journée, et les premiers depuis la reprise des hostilités.

10. — Le lendemain s'engagea une bataille plus générale. Cette fois nous avions contre nous les armées réunies de Mecklembourg et de Frédéric-Charles, qui engagées ou en réserve n'étaient pas élevées à moins de 150000 hommes; du reste nos forces étaient également concentrées. Toute la journée l'action fut vive et sans résultat, ou plutôt on peut dire que nous avions gagné une victoire négative puisque nous avions conservé toutes nos positions. A Changé, à Parigné-l'Évêque, les plus grands efforts des Prussiens n'avaient pu nous faire reculer. Le corps du général Jauréguiberry moins faible au commencement que les autres, et qui arrivait de Château-du-Loir, s'était particulièrement distingué sur la rive gauche de l'Huisne, près Changé, Pontlieue et Arnage. Le général de Colomb s'était battu pendant six heures, entre Champagné et Ivré-l'Évêque, sur le plateau d'Auvours, qui domine les routes de Chartres et de Saint-Calais, et tire son nom du château moderne dont le parc aboutit à la Fourche d'Ivré. A la tête d'une portion des forces détachées du camp de Conlie, le général Gaugeard y avait eu son cheval percé de six balles. Mais aux zouaves pontificaux

revenait l'honneur de la journée. Ils avaient renouvelé les prodiges de Patay.

Une partie des troupes après de grands efforts sur le plateau susdit, avait reculé tout à coup, abandonnant d'importantes positions et laissant sur le terrain une portion de son artillerie. Le commandant du 16e corps, gardien de la position, voit le danger, la retraite de l'armée était compromise. Alors s'avançant vers les zouaves en réserve qui essayaient de ramener les fuyards au combat, il donne l'ordre au premier bataillon de charger l'ennemi et de reprendre les positions perdues. Ces 500 hommes, renforcés seulement de deux compagnies de mobiles des Côtes-du-Nord, partent en poussant un hurah retentissant. Ils s'avancent pendant près de 2 kilomètres sous une pluie de fer et de feu poussant devant eux l'ennemi effrayé d'ailleurs de leur audace. Ils arrivent à la position, une position à pic où le combat s'engage corps à corps. Bientôt les volontaires de l'ouest sont maîtres de la cime ; nos pièces de canon et nos mitrailleuses sont reconquises ; mais à quel prix ! La neige du parcours supportait les cadavres de trois capitaines, Henri de Bellevue, Dubourg et Belon. Au pied des pièces, était tombé pour ne plus se relever, en soulevant son képi et en criant : « Vive la France » le lieutenant Justin Garnier. Un légitimiste bien connu, M. Calix de Becdelièvre était blessé grièvement d'une balle qui lui avait traversé la mâchoire. Le capitaine Lallemand, ce commandant de place du Mans qui avait échappé dans un service paisible quelques jours auparavant à la balle assassine d'un franc-tireur de Garibaldi, avait été entouré au fort de la mêlée, et, comme il avait refusé de se rendre, un feu de peloton tiré sur lui, avait fait voler son sabre en éclats; ses camarades heureusement étaient survenus assez tôt pour le dé-livrer. Impossible de préciser le chiffre des pertes cruelles et nombreuses que ce corps eut à déplorer; quant aux mobiles des Côtes-du-Nord, presque tous leurs officiers étaient hors de combat.

11. — En somme, malgré deux colonels grièvement blessés, croyant les pertes de l'ennemi plus considé-rables que les nôtres, on avait bon espoir pour l'attaque du lendemain, dont on attendait le renou-vellement inévitable. Comme le dit la dépêche du général Chanzy, à la chute du jour la situation était bonne, mais voici qu'à neuf heures du soir, au moment où les troupes font la soupe ou s'endorment autour des feux du bivouac, les Prussiens, suivant une tac-tique assez fréquente dans cette guerre, font un retour offensif. Les mobilisés d'Ille-et-Vilaine sont pris d'une panique inconcevable et laissent tomber entre les mains des Prussiens la position de la Tuilerie, qui leur avait été confiée au sud du Mans. Un demi-bataillon de mobiles de la Charente-Inférieure envoyé pour la reprendre échoua complètement. La perte était réparable et n'altérait pas gravement la situation, si la débandade n'avait gagné les autres corps. Sur la rive gauche de l'Huisne, les troupes du contre-amiral Jauréguiberry, ces troupes qui venaient de bien se battre sont prises par la peur, qui ne raisonne pas,

et les efforts de leurs chefs ne peuvent rien contre leur dispersion. Au milieu de la nuit il va trouver Chanzy et lui déclare que la retraite est impérieusement commandée. Celui-ci malade pendant les deux batailles, ayant de plus les soucis de la famille, car sa femme allait lui donner un héritier, n'en avait pas moins commandé avec le plus grand sangfroid et la plus remarquable précision. Le cœur lui saigna quand il entendit cette déclaration , que tout autre qui n'aurait pas fait ses preuves comme le commandant du 17ᵉ corps, n'eût peut-être pas achevé impunément, mais les autres généraux la confirmèrent et il fut contraint de céder. Nos pertes étaient énormes. Les Prussiens se sont vantés de nous avoir fait dans ces six jours de combat 20000 prisonniers et pris 19 canons. Leurs morts et leurs blessés étaient aussi en grand nombre, car, d'après leurs rapports toujours portés à la moins-value, ils auraient perdu 3203 soldats et 177 officiers.

12. — Chanzy rallia ses troupes en arrière de la ville et marcha sur Laval et Mayenne en remontant la Sarthe, de peur d'être tourné et pour ne pas la passer avec des troupes en désordre sous le canon de l'ennemi victorieux. Ce n'était que temps. Le 21ᵉ corps qui n'avait jusqu'à présent été attaqué que pour la forme à Pont-de-Gennes fut chargé de couvrir la retraite. Il comptait néanmoins dans son sein la division Colin qui avait perdu 3000 hommes la veille, dans une lutte vigoureuse, à l'extrême gauche, entre Lombron et Saint-Célerin. Les deux autres divisions avaient eu

leur réserve d'artillerie postée sur le château italien du marquis Nicolaï, transformé en ambulance. Le verglas ayant empêché les pièces prussiennes de se mettre en batterie, les nôtres heureusement n'avaient pas tiré, car sans cela le château était en cendres; l'ennemi en eut fait l'objet d'un tir furieux, en nous accusant d'avoir violé la convention de Genève dont le drapeau avait l'air de couvrir nos pièces. Le 21ᵉ corps attaqué également dans la nuit avait évité la panique, mais le 10 au tantôt peu s'en était fallu qu'elle ne commençât, quand des obus tombèrent dans la ville de Montfort-le-Rotrou. Séparé brusquement de son point d'appui par la retraite du 16ᵉ et du 17ᵉ, il trouvait maintenant les têtes de colonnes ennemies déjà rendues entre Champagné et Sargé.

On se rappelle que le 10ᵉ corps, formant la gauche des Allemands, avait reçu l'ordre de tourner la droite des Français appuyés sur le Mans. Il avait marché de Blois sur Montoire, de Montoire sur la Châtre, et arrivé dans cette ville, abandonnant la rive droite du Loir, il remonta brusquement au nord dans la direction du Mans. Il y arrivait au moment où les deux autres corps de Frédéric-Charles, servi par notre infortune, étaient maîtres de toutes les positions. Aussi ne trouvant plus qu'une légère résistance Voigt Rhetz s'aventura dans la direction de la ville, et à huit heures du soir une estafette fut envoyée prévenir le général en chef du succès de ce mouvement en dehors de toutes les règles de la guerre et de la prudence. Voici ce qui s'était passé.

13. — A sept heures, on avait évacué tont le matériel de la gare et fait monter dans les wagons une grande partie de la garde mobile. Les troupes de ligne et les francs-tireurs devaient quitter les derniers. Puis il s'était passé une scène affreuse. Des personnes charitables étaient occupées à établir dans le dernier train, des blessés de la veille qui venaient d'être apportés; ils étaient installés dans des wagons à bestiaux sur la paille, on allait les faire partir, lorsque les fuyards étant arrivés en foule, s'élancèrent dans les wagons, prenant les blessés par la tête, par les pieds, par les bras et les jetant sur le trottoir de la gare pour s'emparer de leurs places. Jusqu'à midi cependant la retraite s'effectua en assez bon ordre, nos tirailleurs ripostèrent au feu de l'ennemi qui poursuivait notre armée et s'avançait sur la ville.

Chanzy avait donné l'ordre de faire sauter à cette heure le pont qui se trouve à l'entrée du faubourg de Pontlieue; il fut malheureusement impossible d'y parvenir, car ce pont situé sur l'Huisne n'avait pas été miné suffisamment. On avait à peine détruit le parapet, lorsque la première colonne d'infanterie ennemie se montra sur la route de Tours, à environ 200 mètres. Les Prussiens commencèrent un feu de peloton sur les convois, les gendarmes et les mobiles qui les escortaient. Malgré sa vivacité, ceux-ci ripostèrent, mais ne purent empêcher leurs adversaires de se répandre dans toutes les rues du faubourg de Pontlieue. En même temps, une seconde colonne prussienne, ayant suivi à travers les sapins la ligne du chemin de fer de Tours, s'emparait de la gare. Un train d'environ quinze wagons, qui était sur le point de partir pour Laval, fut capturé.

Au centre de la ville sont la rue des Minimes et la place des Halles. Cette place était déjà célèbre parce que Marceau en 1793 en chassa les Vendéens, à la suite d'une lutte sanglante que termina un engagement à la baïonnette, dans lequel plus de 5000 soldats de La Rochejacquelin furent tués ou blessés. Comme le reste de la ville entière, elle était encombrée de charrettes portant les vivres de notre armée ; à l'approche des Prussiens, les convoyeurs s'étaient enfuis, il ne restait plus que les gendarmes et les mobiles formant l'escorte. Ces derniers firent feu sur l'ennemi qui riposta aussitôt ; nos gendarmes abandonnés bientôt par les mobiles, n'en continuèrent pas moins à tirer sur les Prussiens ; mais accablés par le nombre, ils durent se rendre après avoir tué huit soldats ennemis. Presque tous les chevaux qui traînaient les charrettes étaient déjà tombés criblés de balles.

14. — A quatre heures, la place des Halles était au pouvoir des Prussiens, qui mettaient un poste nombreux à l'entrée de toutes les rues y aboutissant. Mais la résistance dura dans ces rues jusqu'à cinq heures du soir ; tout au moins des feux de peloton, des décharges isolées troublaient encore à la tombée de la nuit la tranquillité des Manceaux. Trois coups de canon, tirés de deux minutes en deux minutes, furent pris pour l'annonce d'un bombardement. C'était au con-

traire le signal de ne plus brûler de cartouches, car
bientôt le crieur public, réquisitionné, parcourut les
rues, et sa voix nazillarde et connue parvint jusqu'au
fond des appartements les plus clos, annonçant aux
habitants qu'ils auraient à loger et à nourrir convena-
blement des soldats de l'armée allemande. Quiconque
se rendrait coupable envers l'un d'eux d'un acte d'hosti-
lité, serait puni de mort. Tout homme portant l'uniforme français était fait prisonnier, et comme tel
devait être livré à l'autorité allemande, pour être
conduit à la caserne de la Mission. Cet ordre fut lu au
bruit de la fusillade qui faiblissait de plus en plus.
Il portait la signature du général Von Voigth Rhetz.

On peut estimer à 150 le nombre des personnes tuées
dans les rues. L'ennemi y a perdu 37 hommes, et
nous, une soixantaine de mobiles ou soldats de ligne
et 7 gendarmes. Les autres victimes étaient étrangères
aux deux armées; des civils pris à l'improviste, ou
des domestiques femelles, que la curiosité inhérente à
leur sexe depuis Ève, avait attardées sur le seuil de
leurs portes. Les Allemands espéraient bien faire une
prise plus importante, celle de M. Gambetta. Je ne
sais quel mauvais plaisant avait raconté et fait croire
à leur état-major sa présence. Quant au général
Chanzy, il avait quitté la ville au moment où l'avant-
garde du 10e corps apparaissait aux premières maisons
du faubourg.

15. — Pendant toute la journée du 13, les boutiques furent dévalisées par les Prussiens, qui ne
laissèrent absolument rien dans celles où ils entrèrent.

11*

Les cordonniers, les marchands de nouveautés, de mercerie ou de gants sont ceux qui eurent le plus à souffrir. Les soldats faisaient queue à la porte, attendant leur tour d'entrer, car cette race pille comme elle fait la guerre, méthodiquement. Ce jour là, le prince Frédéric-Charles transporta son quartier-général au Mans et s'installa à l'hôtel de la préfecture, où il se fit héberger, lui et les siens, aux frais de la municipalité. Le lendemain, la ville fut frappée d'une amende de 250000 francs, sous prétexte que des particuliers avaient tiré sur les troupes allemandes. Cette somme fut payée immédiatement. Ensuite, le général Von Voigth Rhetz fixa à 4000000 la contribution qui devait être levée ultérieurement sur la ville ; cette somme représentait près de trois ans de revenus du Mans. Le 14 au soir, il donna l'ordre d'arrêter tous les journalistes. Quelques instants après, M. Petit, de l'*Union de la Sarthe,* MM. Champion et Duchesne étaient incarcérés.

Ainsi tomba au pouvoir de l'ennemi, après la défaite d'une armée qui semblait le dernier espoir de la France, une de nos plus fortes têtes de ligne depuis Tours. Notre principal chemin de fer était maintenant la réunion des sections suivantes : Bordeaux à Coutras, Coutras à La Rochelle, La Rochelle à Niort, Niort à la Poissonnière, la Poissonnière à Savenay, et Savenay à Saint-Mâlo par Redon et Rennes.

16. — Bientôt vint s'y joindre un plus grand insuccès encore. Depuis le commencement du mois, Paris était bombardé et les édifices de la rive gauche de la Seine

étaient abîmés par des projectiles partis de Châtillon
ou de Sèvres. A l'est, il avait fallu évacuer le plateau
d'Avron, la famine commençait à se faire sentir, et
les chefs du parti radical demandaient à grands cris
une sortie en masse. L'avant-veille de la seconde affaire de la Fourche, un aéronaute, tombé à peu de
mètres du camp prussien, sur la limite du département
de l'Orne et d'Eure-et-Loir, fut recueilli par un capitaine du bataillon de l'auteur alors de grand'garde.
Après avoir échappé, grâce au brouillard glacial qui
en ce moment couvrait les buissons et la barbe d'un
blanc linceuil, il lui dit, en parlant du lieu d'où il
sortait et montrant un laisser-passer signé Trochu :
« Arrivez, il n'est que temps. » Gambetta ne commu-
niquait pas complètement les dépêches, de peur de
décourager la province qui n'en avait pas besoin,
mais ce fut sans doute la cause de cette marche en
avant, prévenue par celle de Frédéric-Charles.

Trochu voyant sa popularité de plus en plus amoin-
drie, et après avoir consulté les maires des divers
arrondissements, le 19 janvier, anniversaire d'une
trop fameuse lettre et du lever de soleil Ollivier, reprit
l'exécution de son plan primitif ; mais il ne le faisait
que pour l'acquit de sa conscience, n'employant la
garde nationale que comme auxiliaire et par corps
détaché. Le refroidissement de l'élan révolutionnaire qu'on avait monté avec raison, mais auquel
il fallait faire un jour et un emploi, si on ne voulait
pas le voir se trouver une issue plus dangereuse, ne
devait pas tarder à suivre la première résistance et

rendre la continuation d'une longue lutte impossible.

17. — L'armée fut partagée en trois colonnes principales, composées de troupes de ligne, de gardes mobiles et de gardes nationaux mobilisés, incorporés dans les brigades. La colonne de gauche, sous les ordres du général Vinoy, devait enlever la redoute de Montretout, les maisons de Béarn, Pozzo di Borgo, Armengaud et Zimmerman. Celle du centre, général de Bellemare, avait pour objectif la partie est du plateau de la Bergerie. Ces deux opérations réussirent, mais la colonne de droite, commandée par le général Ducrot, qui devait marcher sur la partie ouest du parc de Buzenval, attaquer Longboyau et se porter sur le haras Lupin, échoua. Les Allemands donnent pour raison la faute impardonnable de l'état-major, personnifié dans le général Schmitz, qui oublia d'indiquer, pour la marche des troupes avant la sortie des remparts, les rues barricadées qu'il devait connaître, de sorte que les soldats furent presque forcés de passer un par un, ou d'escalader. On chercha bien alors à réparer la sottise, et à abréger la longueur du parcours, en transportant les troupes pendant 12 kilomètres sur la voie ferrée, mais il était trop tard ; puis une colonne d'artillerie égarée commença à mettre la confusion. Enfin la droite du général établie à Rueil fut canonnée de l'autre côté de la Seine par des batteries formidables qu'on aurait dû soupçonner, et que l'artillerie du Mont-Valérien a eu grand'peine à contre-battre. En somme, Ducrot à Montretout fut la 2e édition de Martin des Pallières à

Orléans. Son opération fut prévenue par les Prussiens; il compromit le salut des autres colonnes. Le colonel Leconte, suspect de partialité pour la Prusse, mais nullement pour la République, dit même plus : *Personne ne parut savoir ce qu'était devenu le général Ducrot.*

Vers 4 heures, un retour offensif de l'ennemi, entre le centre et la gauche de nos positions, exécuté avec une violence extrême, fit reculer nos troupes qui cependant se reportèrent en avant vers la fin de la journée. La crête fut encore une fois reconquise, mais la nuit arrivait, et l'impossibilité d'amener de l'artillerie pour constituer un établissement solide sur des terrains déformés, arrêta nos efforts; on se retira alors en arrière, entre les maisons Crochard et le Mont-Valérien. La garde nationale avait perdu 2000 hommes, parmi lesquels plusieurs auteurs et artistes de mérite, témoin Henri Régnault; le colonel Langlois avait été blessé. Les mobiles de la Loire-Inférieure, obstinés à rester dans le parc de Saint-Cloud, s'étaient fait prendre en grande partie avec leur commandant M. de Lareinty. Trochu dut demander 48 heures pour enterrer ses morts; ceux des Prussiens ne s'élevaient pas à moins de 1000.

18. — Le 21 janvier commença le bombardement de Saint-Denis; en deux jours, la ville fut presque réduite en cendres. Barbarie sans utilité pour la cause ennemie.

A la suite de ce nouvel insuccès qui finissait la défense, les partisans de la commune tentèrent d'exploiter le mécontentement général. Le 22, une poignée força la prison de Mazas et délivra plusieurs prisonniers dont Flourens. Le lendemain, deux cents gardes nationaux du 101e bataillon firent mine d'attaquer l'Hôtel-de-Ville et tirèrent de la place, des encoignures et des maisons en face, quelques coups de feu sur la troupe. Mais les mobiles bretons, sur leurs gardes, ripostèrent énergiquement, et vingt agitateurs, dont le chef de bataillon Sapia, furent mis hors de combat, quarante avaient été faits prisonniers.

LIVRE VIII

—

SILLÉ-LE-GUILLAUME. — ARMISTICE.

Couronnement de Guillaume à Versailles. — Chanzy passe
la Sarthe. — Bataille de Sillé-le-Guillaume. — Défense
d'Alençon. — La deuxième armée de la Loire parvient à
Laval. — Angers menacé. — Opérations du général Le
Cointe. — Reprise de Blois. — Frédéric-Charles trans-
porte son quartier général à Tours. — La capitulation de
Paris et l'armistice. — Attitude de Gambetta. — La résistance était-elle encore possible. — Nouveau plan
Prussien. — Chanzy à Poitiers. — Les généraux députés.
— Robert Lefort, duc de Chartres. — Bravoure de ses
ancêtres. — Le prince de Joinville suit la trace de son
neveu. — Puissent les d'Orléans imiter Attale qui pré-
férait à son titre effectif de roi celui de citoyen libre dans
la ville de Romulus.

1. — Pendant que la France était en deuil, des
fêtes bruyantes avaient lieu à Versailles. Guillaume
était fait empereur d'Allemagne et les rois de la Confédération venaient plier le genou devant lui. Sedan
nous avait débarrassés d'un maître; Le Mans com-

pliqué d'Héricourt, de Saint-Quentin et de Montretout en avait donné un aux Allemands. Nos défaites avaient été fécondes pour la liberté, leurs victoires n'avaient pas été stériles pour le despotisme. C'est toujours la fable du cheval qui a voulu se venger du cerf. Depuis Iéna ils réclamaient les bords du Rhin, ils les avaient, mais à quel prix ! Il est vrai que ce qui pouvait faire illusion à beaucoup de nobles esprits, dans la patrie de Leibnitz, de Gœthe, Henri Heine, c'est la création ou plutôt le retour de l'unité.

En effet, on a beau dire, la théorie des nationalités n'est pas un rêve d'anatomiste, c'est un besoin réel que les peuples satisfont tôt ou tard. L'unité est utile pour la grandeur d'une nation, elle est désirable pour la paix de toutes. La réunion sous un même gouvernement, des peuples qui parlent la langue française, le panslavisme qui n'a aucune raison par exemple d'absorber les races magyares (Polonais, Lithuaniens, Hongrois, Bohémiens), fédération dont la création serait un contre-poids au centre européen, l'unité Italique, l'unité Scandinave, l'unité Ibérique, l'affranchissement de tous les Grecs, voilà la nouvelle carte d'Europe après la suppression des petits états maintenus par l'égoïsme des grands, ou tenant à rester pour l'avantage d'une liberté supérieure à celle de leurs voisins. Aussi ceux pour qui tous les moyens sont bons craignent-ils peu le despotisme de Berlin. Qu'importe que l'unité allemande se fît par la Prusse pourvu qu'elle se fît. Quand le gouvernement allemand n'aura qu'une tête il sera plus facile de l'abattre. La liberté dans un pays aussi éclairé ne peut manquer de suivre l'unité.

Seuls, les Jacoby, les Liebknecht se montrèrent incapables de pactiser, et espérant par d'autres moyens cette création d'une patrie commune, ils protestèrent. La prison les réclama, et le palais de Louis XIV n'en fut pas moins le contemplateur des festins, des revues, des danses et des luxures. Les pastels des trois sœurs de Mailly regardaient avec étonnement les soldats allemands, et les ombres de Racine et de La Bruyère demandaient quel cheval s'abreuvait au bassin d'Apollon.

2. — Il n'en fut pas de Chanzy, comme d'Aurelles de Paladines, et sans aller aussi loin que le Sénat Romain qui après la bataille de Cannes remercia son consul de n'avoir pas désespéré de la patrie, et lui donna une nouvelle armée, Chanzy ne fut pas destitué. M. Gambetta se borna à aller à Rennes, surveiller de loin la retraite, activer l'administration civile et concentrer ses efforts, en vue du prompt secours du général en chef de la 2e armée de la Loire. Enfin il expédia des renforts à la rencontre des corps défaits.

Notre malheureuse armée n'avait pas fini toutes ses épreuves par la bataille du Mans. Le 13, les têtes de colonnes ennemies attaquèrent notre arrière-garde. Ce n'est qu'après avoir combattu toute la journée contre trois divisions du grand duc de Mecklembourg, que le 21e corps put opérer sa retraite en très-bon ordre et passer la Sarthe sur les ponts de Montbiran, la Guerche et Beaumont. Le lendemain enfin le général espérait installer l'armée dans sa nouvellle ligne de défense et la reconstituer ; il lui adressait la proclamation suivante : « La France a les yeux sur la 2ᵉ armée. Il ne faut pas d'hésitation, la saison est rigoureuse, la fatigue est grande, les privations sont de tous les instants, mais notre pays souffre, et lorsqu'un effort suprême peut le sauver, nul n'hésitera. Sachez donc que pour vous-mêmes, ce salut est dans la résistance et non dans la retraite, l'ennemi va se présenter sur nos positions. Il faut l'y recevoir vigoureusement et l'user. Serrez-vous autour de vos chefs, et prouvez que vous êtes toujours les soldats de Coulmiers, de Villepion, de Josne et de Vendôme. »

Les fourriers avaient à peine transcrit sur le cahier d'ordres ces paroles dont le secret semblait perdu pour tout autre que Chanzy, depuis la première Révolution, quand la France faisait la guerre défensive, que déjà les Prussiens apparaissaient sur les routes aboutissant à nos positions ; mais il n'y eut d'engagement qu'entre les avant-gardes ennemies et les éclaireurs algériens. Une forte colonne essaya bien de prendre part au combat, mais sur la plupart des points l'affaire fut remise au lendemain.

3. — Une partie de l'armée de Chanzy fut de nouveau attaquée, le 21ᵉ corps résista énergiquement jusqu'à la nuit, et non-seulement il garda ses positions, mais encore il fit des prisonniers, dont un chef de bataillon, après avoir rejeté l'ennemi jusqu'au-delà de Crisay. Bien qu'on s'y attendît, les autres corps étaient si abîmés par les récentes affaires qu'ils ne

purent imiter le 21ᵉ. D'ailleurs la neige et un verglas affreux retardaient notre matériel et nos convois. Vainement le contre-amiral Jauréguiberry eut un cheval tué sous lui, le centre céda devant des forces considérables. C'est à Sillé-le-Guillaume, presqu'à moitié chemin entre Le Mans et Laval qu'eut lieu cette rencontre. Il fallut rétrograder encore. Je me suis laissé dire que dans le premier moment le chef-lieu du département de la Mayenne fut même découvert, mais l'ennemi n'étant pas trop pressant, excepté sur un point, la marche en arrière s'opéra encore dans des conditions satisfaisantes pour le temps qu'il faisait. Nos reconnaissances firent même des prisonniers, parmi lesquels le comte de Moltke, officier du 6ᵉ dragons (18ᵉ corps), parent du chef d'état-major prussien.

Le camp de Conlie avait été pris la veille par les Allemands sans combat. On y trouva beaucoup d'armes et de munitions, ainsi que d'autres provisions. Mais le tout abandonné par les Français, à cause de leur non-valeur, et pas à la hâte, quand approchait l'ennemi. Cet abandon remontait déjà à plusieurs jours. Toutes les prévisions avaient été admises par le ministre de la guerre, lors de la bataille du Mans. Une des raisons déterminantes avait été aussi la variole; cette maladie s'était tellement propagée parmi les mobiles bretons, elle était devenue tellement redoutable pour ceux qui en étaient frappés et pour leurs voisins, que l'agglomération et le séjour dans un terrain boueux n'était plus tenable.

4. — De son côté Mecklembourg allait également de l'avant. Le 9 ses avant-gardes avaient déjà fait une première tentative contre Alençon. A deux heures de l'après-midi, nos grand'gardes avaient été attaquées sur la route de Nogent, et on ne sait ce qui serait arrivé, en face d'une violente canonnade de l'ennemi, si le commandant militaire n'eût pas fait donner les troupes de soutien. Cependant à la tombée de la nuit les Prussiens s'enfuyaient laissant dix-huit prisonniers entre nos mains. Les mobilisés les avaient rudement poursuivis, et n'avaient eu à regretter que la perte d'un lieutenant et de deux hommes.

Le 16 enfin, Mecklembourg nous força de quitter Alençon, mais ce ne fut pas sans avoir défendu la ville. Grâce à l'énergie d'A. Dubost, républicain bien connu, ami de Bancel et de Commissaire, à une lettre duquel j'emprunte ce renseignement, Alençon eut l'honneur de retenir une armée de 10,000 hommes pourvue d'artillerie pendant plus de vingt heures. Le préfet fut secondé par les colonels Tardy et Li-powski que l'on retrouve dans toutes ces affaires. Ils n'avaient à opposer aux forces ennemies que 5000 mobilisés et environ 2000 francs-tireurs. Avec ce petit nombre d'hommes dont la plupart voyaient le feu pour la première fois, on a pu lutter contre des forces supérieures, les refouler même un moment, et nos soldats ne se replièrent que lorsque les munitions de leurs petits canons de montagne furent épuisées.

Après quelques autres engagements sans impor-tance, Chanzy put gagner Laval où il engagea son quartier général avec le 16ᵉ corps ; le 17ᵉ se réunit à Château-Gonthier, le 21ᵉ était déjà à Mayenne. Là ils reçurent des renforts entre autres le 19ᵉ corps, général d'Argent, qui depuis longtemps tenait la Normandie, au cas où Manteufell abandonnerait Faidherbe pour se rabattre sur cette province. Ce nouveau corps vint prendre l'extrême gauche de la ligne, adossée ainsi à la Bretagne.

5. — A la droite se livrait toujours de petits combats, car il n'est pas douteux que le plan de l'ennemi manqué au Mans, était de nous tourner de ce côté-là pour pouvoir nous couper la ligne de Bretagne où il nous eût acculé à la mer et mis dans l'impossibilité de ne jamais reprendre l'offensive si nous n'eussions pas été forcés de capituler. Mais ce n'était pas les divisions détachées de la grande armée qui étaient en ligne, les dernières, celles des généraux de Curten et Jouffroy, sur lesquelles on avait eu un instant des craintes sérieuses, (car opérant dans le Vendômois elles s'étaient trouvées brusquement coupées du corps principal par le mouvement tournant du 10ᵉ corps, et n'avaient pu prendre part à la bataille du Mans), étaient enfin rentrées. C'était la garnison qui défendait Angers, grossie par les troupes de Tours, depuis l'occupation forcée de cette ville, à laquelle étaient dus ces résultats.

Le 24, l'ennemi ayant évacué La Flèche, une reconnaissance partit dans cette direction, mais elle trouva une embuscade. La reconnaissance se composait d'un escadron de chasseurs d'Afrique soutenus par de l'infanterie ; elle arriva dans cette sous-préfecture, culbuta soixante-quinze hulans, en tua plusieurs, fouilla la ville et refoula l'ennemi au-dehors. Mais une forte colonne étant intervenue brusquement avec six canons, les Français furent obligés d'opérer leur retraite sur Bazouges, ayant trois chasseurs tués, un lieutenant d'infanterie blessé grièvement. Angers était menacé.

A Gesvres, ce furent les habitants qui se défendirent héroïquement contre des forces prusiennes considérables. A défaut d'armes, certains d'entre eux avaient pris leurs fourches et leurs faux, ils enlevèrent des voitures et des chevaux et tuèrent douze hommes à l'ennemi.

L'invasion grandissait partout. Après l'ancienne province du Maine et le nord de l'Anjou, ce fut le tour de la Touraine de tomber entre les mains de l'ennemi. Le pont du chemin de fer, sur le Cher, près de Tours, celui de La Mothe, sur la route ferrée de Tours au Mans étaient détruits. Quarante-quatre cuirassiers se portèrent à cinq kilomètres d'Azay-le-Rideau, sur la route de Chinon à Tours. Ils ne furent tenus en respect que par les éclaireurs de la Mayenne et le concours de la population.

6. — C'était l'époque aussi où notre armée de l'est, après avoir vu la fortune lui sourire, semblait marcher sur les traces de celle de Chanzy. On n'a jamais su qui avait imaginé cette campagne hardie, mais il en était une plus sûre, c'était la marche sur Paris par Auxerre et Joigny. Elle fut dessinée par une petite armée sous le commandement du général Lecointe,

et forte, autant qu'on pouvait l'évaluer, d'une quarantaine de mille hommes. Ce mouvement conforme à la
théorie de la ligne intérieure et qui avait été celui
d'Aurelles de Paladines, reçut le 15 un commencement d'exécution. Pour la troisième fois, les Prussiens
furent complètement délogés de Gien et l'évacuèrent.
Deux de nos bataillons y entraient en attendant le
reste, tandis que les colonnes ennemies fuyaient sur
Montargis. Les Prussiens avaient perdu bien plus de
monde que nous, plusieurs de leurs officiers avaient
été tués, entre autres le colonel Born Von der Horn.

Le 25, ce succès fut confirmé. Le pont de La Roche,
station du chemin de fer de Lyon, fut rendu imprati-
cable, les communications télégraphiques coupées sur
dix kilomètres de rails enlevés, l'appareil prussien de
La Roche brisé, celui de Brienon emporté par nos soldats. La garnison prussienne barricadée dans un château avait fait une résistance énergique, elle fut toute
entière faite prisonnière. Trois officiers et soixante
hommes se rendirent avec armes et bagages. Bon
nombre de Prussiens étaient tués ou blessés. De notre
côté nous avions trois officiers blessés dont un grièye-
ment, trois hommes tués, cinq blessés grièvement.

Il est vrai que la veille, à trois heures, deux cents
Prussiens en reconnaissance étaient rentrés dans Gien,
après avoir cerné le cimetière où un enterrement avait
lieu, ils poursuivirent le clergé jusque dans l'intérieur
de l'église et montèrent au clocher pour faire cesser
le tocsin. Ils avaient échangé ensuite des coups de
fusil avec des francs-tireurs postés sur la rive gauche

du Loir et tiré deux coups de canon ; à 4 heures ils s'étaient retirés en incendiant une grange d'un hameau voisin. Sur toute leur route, à Pailly, à Vevy, à Dompierre, ils avaient commis leurs déprédations et leurs brutalités habituelles.

7. — Néanmoins, ce retour offensif avait donné à réfléchir à l'état-major général prussien, et ce fut bien autre chose quand ces épisodes heureux pour nos armes se furent multipliés. Le 28, le général Pourcet télégraphiait de Court-Cheverny au ministre de la guerre : « Nos colonnes en marche sur Blois ont fait évacuer les villages qui avaient été attaqués hier par nos reconnaissances ; mais à quatre kilomètres de Blois, l'infanterie ennemie placée derrière des embuscades et des maisons crénelées du faubourg de Vienne, a ouvert sur nos têtes de colonne un feu très-vif. La fusillade a continué pendant deux heures avec une violence extrême ; à la nuit tombante, un dernier effort de nos soldats qui se sont jetés résolûment en avant et ont traversé les faubourgs au pas de course sous le feu de l'ennemi, nous a rendus définitivement maîtres de la rive gauche. Au même moment, le pont miné sautait en l'air, et d'énormes gerbes de feu brûlaient le tablier de bois provisoire établi sur l'arche qui avait déjà été rompue. L'ennemi s'est retiré sur la rive droite, mais le mouvement a été si prompt qu'il a laissé entre nos mains une partie de ses morts, dont un capitaine de chasseurs Hessois, et des blessés parmi lesquels plusieurs officiers de divers corps. Nous avons déjà une centaine de prisonniers et on continue

à fouiller les maisons, où l'on en trouve encore. Un grand nombre d'armes et de munitions sont tombées entre nos mains. Nous avons eu trois hommes tués. Le chiffre des tués est de dix environ, parmi lesquels plusieurs officiers de tous corps. »

Décidément le centre prussien était trop dégarni. Frédéric-Charles laissant Mecklembourg opérer au nord du Mans revint sur Tours, et la vallée de la Loire fut parcourue en tous sens jusqu'à Port-de-Piles, comme à la veille d'une nouvelle marche. Le gouvernement intima l'ordre à Chanzy de suivre ce mouvement, et laissant la place à l'armée de Cherbourg qui descendait, les quatre corps de l'armée de la Loire se mirent en marche pour couvrir le Poitou et la Vendée. Pour faire face aux Prussiens, le quartier-général devait être établi à Poitiers, mais un nouvel événement vint donner tout le temps nécessaire pour accomplir cette marche.

8. — Le 28 janvier, Paris à bout de vivres se rendait, et M. Jules Favre consentait un armistice de vingt-et-un jours, pour procéder aux élections d'une chambre qui aurait à se décider sur les propositions de la Prusse. Si les députés réunis à Bordeaux rejetaient ces propositions, l'armée de ligne et la garde mobile devaient être emmenées prisonnières en Prusse. En attendant les forts de la capitale étaient occupés par l'ennemi, toutes les armes lui étaient remises, sauf celles de la garde nationale; M. Jules Favre espérait qu'en laissant aux gens d'ordre en majorité les fusils, il saurait contenir l'émeute, et il était indifférent pour

celle-ci qu'on lui en laissât, car dans toutes nos révolutions elle avait su s'en procurer en pillant les boutiques d'armurier.

Mais notre ministre des affaires étrangères s'est laissé jouer par M. de Bismark. Pour ne pas ôter tout espoir de ravitaillement à Belfort et garder encore un pied dans nos départements Alsaciens et Lorrains, il demanda leur exception dans la suspension des hostilités. M. Gambetta n'avait pu faire parvenir à Paris que les nouvelles des victoires de Villersexel et de Dijon; l'échec d'Héricourt, notre retraite et les marches des Prussiens entre Lyon et Bourbaki, étaient inconnues du gouvernement de la défense nationale. M. de Bismark mieux renseigné, souscrivit avec joie à ce qu'il croyait être le pendant de l'affaire du Mans, et le plus grand stimulant de paix à tout prix.

9. — A cette nouvelle la province entière se trouva soulagée d'un gros poids, et ceux qu'on avait forcés à l'égoïsme et à l'honneur, entrevirent l'heure où ils pourraient se regimber. On ne pleura point la capitulation de Paris, on s'en réjouit sous cape dans la campagne, comme la bourgeoisie avait battu des mains à Waterloo et fait hausser la rente. Triste temps que celui où l'intérêt domine et où l'impossibilité de continuer une guerre nationale, est assimilée à la délivrance d'un tyran. Ces mêmes hommes avaient honni Bancel, buvant en 1855 à la destruction des armées du bandit, et rien compris à la magnifique pièce des châtiments intitulée la *Reculade* Quant aux ardents, et en particulier aux représentants de la ligue du

midi, ils engagèrent la délégation de Bordeaux à tenir pour non avenue la convention de Versailles, comme portant le sceau de la contrainte, et à continuer la lutte avec l'appui d'un comité de salut public, pris parmi les représentants de tous les grands centres intellectuels et patriotes.

Gambetta après s'être recueilli quelques jours, prit un moyen terme. Il avait pour lui la majeure partie de l'administration, les forces vives des grandes villes, les généraux les plus illustres, qui presque tous envisageaient cette trève comme un repos nécessaire pour prendre de nouvelles forces et recommencer. Soit dégoût pour ses concitoyens, soit respect pour la légalité, M. Gambetta se borna à considérer l'engagement de notre ministre des affaires étrangères comme spécial à Paris ; il ordonna que les troupes fussent tenues plus sévèrement que jamais, et, en prévision de la reprise des hostilités, il leva la classe 1871, mit en marche le reste des mobilisés ; puis rendit deux décrets plus contestés. L'un, ratifié par Crémieux, excluait de la magistrature tous les hommes qui avaient fait partie des commissions mixtes, l'autre frappait d'inéligibilité, les fonctionnaires supérieurs et les candidats officiels de l'empire. Pour le premier la question était de savoir si le pouvoir constituant appartenait oui ou non au gouvernement du 4 septembre, en tout cas ce décret était intempestif. Le second était une imprudence car les amis de l'ex-empereur n'osaient pas encore lever la tête, et on paraissait ainsi faire un pendant à la loi du 21 mai.

10. — La continuation de la guerre était-elle possible? disons avant qu'elle semblait nécessaire pour notre honneur, quoique depuis Sedan nous fussions bien montés de ce côté là dans l'opinion publique; mais il ne fallait pas rester sur la capitulation de Paris. La guerre sinon la victoire était possible, car Faidherbe pouvait encore tenir tête à Manteufel, et dans l'est avec Bressolle qui avait sauvé son corps d'armée de la capitulation Suisse, avec Garibaldi, avec le corps du général Lecointe, l'armée de Bourbaki pouvait être bientôt reconstituée; Chanzy n'avait jamais eu une plus belle armée. Le nouveau plan des Prussiens était, pendant que leurs armées du nord et de l'est continueraient leurs opérations, de faire marcher Mecklembourg sur le Havre et Cherbourg, Frédéric-Charles sur Angers et Nantes; la moitié de l'armée de Paris qui ne serait pas nécessaire à maintenir la population exaltée de vengeance, devait descendre sur notre capitale provisoire. Or, dans la presqu'île du Cottentin nous avions tout un corps d'armée, et une ville aussi forte que Metz ayant de plus la facilité d'être ravitaillée par mer; le Hâvre qui en jouissait également n'était abordable que par une seule route, où un bataillon barrait le passage à une division. Nos deux grandes cités des bords de la Loire avaient vu leurs garnisons renforcées et mises sur le pied de guerre. Enfin de l'Indre au canal de la Dives s'étendaient les 4 corps d'armée que nous connaissons, prêts à recommencer les luttes de Patay, de Josne et du Mans, et s'ils ne réusissaient pas,

à couvrir encore Bordeaux en se ralliant plus bas.

La guerre était possible car la température rigoureuse allait disparaître. Elle était possible car la fortune se lasse à la fin et qu'après avoir épuisé toutes ses rigueurs il fallait bien que notre tour arrivât. C'est souvent au plus haut de leurs grandeurs que les puissants sont frappés et que les vaincus voient arriver le jour de la délivrance. Elle était possible enfin car la France, loin d'être épuisée, avait encore des renforts pour toutes les armées dont nous venons d'indiquer la recomposition. Derrière ses éléments actuels, il y avait les mobilisés qui tous n'étaient pas partis, et pour dernier renfort, comme en 1813, une nouvelle classe pouvait être prélevée sur le contingent de l'avenir.

11. — Le pays se prononça contre cette grande idée ; Gambetta, blâmé dans ses décrets définitifs par le gouvernement de Bordeaux, donna sa démission. Le vote du 8 février fut un vote de lâcheté. On ne demanda pas aux candidats s'ils étaient henriquinquistes, orléanistes, impérialistes, républicains ou socialistes. Quiconque s'était prononcé contre la guerre fut accepté, et dans les régiments j'ai vu échouer des préfets et des généraux qui n'avaient déclaré accepter qu'une paix honorable. Il est sûr que si M. Thiers, auquel il doit être pardonné quelques opinions anté-diluviennes en faveur de son ardent patriotisme, eût dit au pays qu'il ne traiterait que si les préliminaires n'étaient pas trop lourds, et eût laissé entrevoir les larmes que devaient lui coûter le

sacrifice de Versailles, il n'aurait pas recueilli les voix de 30 départements. On voulait la paix coûte que coûte, comme au mois précédent on avait voulu la guerre, et le grand citoyen devait se rappeler les assauts qu'eut à subir sa maison de la place Saint-Georges, quand il se déclara l'adversaire de la guerre, *parce qu'on n'était pas prêt*. La générosité du pays n'allait pas jusqu'à lui tenir compte des voyages entrepris malgré son grand âge, et du fardeau nouveau qu'il allait accepter.

Cependant il y eut quelques exceptions. Indépendamment de Paris qui nomma pour députés quiconque avait fait preuve de bravoure, sans s'occuper de leurs nuances, il se trouva des gens pour envoyer à la Chambre Chanzy, Billot, Charette, Garibaldi, à côté des peureux de tous les centres.

12. — Qu'en résulta-t-il, c'est que connaissant d'avance l'opinion du pays, Bismark serra la bride plus fort encore et que des conditions inouïes furent apportées à la tribune de l'Assemblée. On remarqua d'ailleurs que la lecture de la cession de la Lorraine et de l'Alsace ne souleva aucune réclamation. Les cinq milliards à verser firent, par exemple, jeter les hauts cris. Pour un milliard de moins, les conservateurs auraient donné sans doute encore la Champagne. Les Français qui s'étaient le mieux battu, les plus instruits, les plus manufacturiers, les plus libéraux, la patrie de Jeanne-d'Arc et celle de Kléber furent cédés; on aurait pu subir la force, mais la légaliser jamais. Cette théorie a trouvé des défenseurs à la

Chambre. Laissez faire les Prussiens, mais en confirmant leurs vols et leurs pillages, ne vous rendez pas leurs complices. Qu'ils viennent jusqu'aux Pyrénées s'ils veulent, nous laisserons faire ce que nous ne pouvons empêcher, mais, de par nous, la force ne sera jamais le droit.

Malheureusement, ces abstractions et ces sentiments ne sont pas de mise en matière gouvernementale. Une politique moins grande et plus sage, moins noble mais plus utile, prévalut. Le suffrage universel se mutila de ses propres mains. La nation souveraine retrancha de son sein les citoyens qui n'avaient fait qu'être malheureux, et qui n'étaient entrés dans le pacte social qu'à condition qu'il leur garderait leur indépendance. Que la honte en retombe sur les Prussiens, et qu'on lise dans chaque histoire de ces temps, ce vers retourné de Virgile :

O Melibæe, deus nobis hæc otia fecit.

O Mélibée, c'est le génie du mal qui nous a imposé ces infamies.

13. — Puisque cet ouvrage est consacré aux gens de tous les partis qui se sont battus, je ne vous oublierai pas, princes d'Orléans, qui avez riposté aux Bonapartes, que si dans les maisons royales les cadets ont le monopole du libéralisme, ils n'ont pas celui de la peur et de la fuite devant les balles ennemies. Tous ceux qui ont porté votre nom s'étaient déjà illustrés dans ce sens. Le fils de cette douce Valentine, qui avait pris pour devise : « Rien ne m'est plus, plus ne

m'est rien, » fut pris à Azincourt les armes à la main. Son frère naturel, Dunois, dont sa mère disait qu'il lui avait été arraché, est connu comme le plus brave des compagnons de Charles VII et le chevalier de Jeanne-d'Arc. Louis XII enfin, le dernier de cette race a passé dans l'histoire avec la renommée d'un souverain sans peur et sans reproche. Arrive votre maison; à la suite de Luxembourg, son chef Monsieur frère de Louis XIV gagna la bataille de Cassel, après laquelle la jalousie du monarque, et la crainte de voir éclipser le dauphin, l'éloigna des armées. Au chant de la Marseillaise, votre bisaïeul a gravi, aux côtés de Dumouriez, les hauteurs de Jemmapes.

Héritiers d'un si grand nom, vous ne pouviez mentir à votre sang, mais vous l'avez encore glorifié. Le comte d'Eu a rempli le Nouveau-Monde du bruit de ses exploits, et les Colonies méridionales lui devront peut-être une paix dont elle a tant besoin. Quant à vous duc de Chartres, avant cette campagne de 1870-1871, une légende s'attachait déjà à votre jeune âge. C'était pendant la guerre pour la fondation de l'unité italienne. Un officier sarde du régiment de Nice-cavalerie se présente un soir aux avant-postes français, il explique sa mission dans notre langue et avec une pureté surprenante pour un habitant de l'Italie. Le chef s'informa s'il n'avait jamais vu la France; à quoi l'envoyé de Victor-Emmanuel répondit que sa famille l'avait habitée en effet, qu'il l'avait quittée fort jeune, mais qu'il l'aimait toujours; et les larmes dans les yeux il quitta ses compatriotes. Le lendemain, c'était jour de bataille, il s'y conduisit de façon à être mis à l'ordre du jour de l'armée alliée, et les soldats apprirent qu'ils avaient serré la main à Robert d'Orléans, duc de Chartres.

14. — Depuis, le duc de Chartres avait fait la guerre pour le compte de l'Amérique du nord, et avait reçu du Congrès la médaille d'honneur. Il était âgé de 30 ans, quand la guerre franco-allemande s'engagea. Débarqué sur les côtés de Normandie, il voulut entrer dans le corps de volontaires que le général Estancelin organisait dans le nord; celui-ci refusa d'abord la permission qu'il sollicitait, lui disant que son nom était un obstacle au désir qu'il manifestait. «Plus de 40 de mes ancêtres, dit le prince, sont morts sur le champ de bataille, dans les rangs de l'armée française, et au moment où l'ennemi s'approche, je ne pourrais pas suivre leur exemple, et défendre le pays où reposent les restes de mon père (Dreux)? N'y comptez pas, faites-moi arrêter si vous voulez. Si on me conduit à la frontière aujourd'hui, demain j'y rentrerai; on me fusillera si l'on veut, mais jusque-là je prendrai un fusil dans un corps quelconque, sous un nom plus inconnu je trouverai bien une place dans les rangs de l'armée. »

«Eh bien! si votre résolution est définitivement arrêtée, je ne puis accepter le duc de Chartres, mais le premier de votre race fut un brave soldat mort à la tête des troupes, en repoussant l'ennemi; il s'appelait Robert-le-Fort; reprenez son nom, et par votre courage et par votre dévouement à la France, vous serez digne de celui qui l'a si glorieusement porté.» Le lendemain le capitaine Lefort partait pour la forêt de Lyon et entrait dans le corps des gardes à cheval de la Seine-Inférieure. Pendant trois mois, il commanda ce détachement qui était aux extrêmes avant-postes. Il était là avec le 3e hussards et le 12e chasseurs, les francs-tireurs du nord, ceux de la Seine-Inférieure et les éclaireurs du colonel Mocquard. Il a laissé au milieu des divers corps la réputation d'un excellent officier, et de la plus extrême résolution. Aucun de ceux avec lesquels il vivait n'a soupçonné que sous le nom du capitaine Lefort, se cachait le petit-fils de Louis-Philippe.

Distingué par le général Briant, au moment où il fit l'expédition d'Etrépagny, ce général l'attacha à son état-major et demanda pour lui le grade de chef d'escadron de l'armée auxiliaire. La santé de ce général l'ayant empêché de continuer de servir, le commandant Lefort passa dans le 19e corps, à l'armée du général Chanzy, comme officier d'état-major du général d'Argent, et c'est sur la proposition de ce dernier, en raison des services rendus pendant la campagne, qu'il reçut la croix de la Légion-d'honneur, sous le nom du commandant Robert-le-Fort.

15. — Le prince de Joinville n'était pas resté en arrière de son neveu. Il avait demandé à servir dans une place, n'importe laquelle, sous n'importe quel nom. Il l'avait demandé à d'Aurelles de Paladines, en vain aussi. Il avait rappelé à Martin des Pallières

que, 26 ans auparavant, il avait commencé sa carrière, en le prenant avec lui comme volontaire dans
un combat où il commandait, le priant à son tour,
qu'il l'aidât à bien finir la sienne ; celui-ci était resté
inabordable ou s'était retranché dans l'impossibilité.
Cependant le 4 décembre, le prince avait pu faire
partie de l'arrière-garde de l'armée, dans la retraite
sur Orléans. Et après s'être exposé toute la journée
au fer et au feu, dans une batterie de marine qui
défendait le faubourg, le prince était rentré un des
derniers, rapportant un blessé. La nuit, quand les
Prussiens étaient entrés, il s'était échappé sans encombre, grâce à l'évêque.

De là il était allé au Mans, et, par l'entremise d'un
ami commun, avait fait la connaissance de Chanzy, et
obtenu de lui, ce qui faisait l'objet de tous ses vœux,
de faire partie de l'armée. Seulement, avait dit le général en chef, ce sera avec l'information de Gambetta,
à qui je demande avec instance de confirmer mon
autorisation écrite. Le 30 au matin, il avait été,
pour toute réponse, arrêté et conduit à la préfecture,
où M. Ranc et le préfet l'avaient traité avec beaucoup
d'égards, mais l'avaient, au bout de cinq jours, expédié
sous bonne escorte à Saint-Mâlo et fait embarquer.
Rien n'avait pu faire prendre au prince l'engagement de
ne pas chercher à rentrer en France, seulement il avait
écrit au ministre de la guerre pour lui faire connaître
dans quel but il était venu, et lui déclarer que, mis
par lui dans l'impossibilité de se joindre à l'armée, il
rentrait dans sa famille attendre des temps meilleurs,

Un dernier mot sur Robert-le-Fort. On dit que le 20 mars, lorsque M. Thiers convoqua la Chambre à Versailles, quatre personnes furent saisies par les insurgés, à la descente de wagons, dans la gare d'Ivry; elles ne durent la vie qu'au dévouement d'un membre de la commune, qu'elles payèrent plus tard de réciprocité, après la victoire de l'armée de Mac-Mahon. Ces quatre personnes étaient M. Edmond Turquet, ex-procureur de la République à Laon, le général Langourian, le général Chanzy, et enfin, un de ses aides-de-camps. Ce dernier était le duc de Chartres, dont un article du *Journal officiel....* de l'insurrection venait de proclamer l'assassinat sacré et utile, ainsi que celui des membres de toutes les familles régnantes. M. Léo Meillet lui évita un sort pire, peut-être, que celui des généraux Lecomte et Clément Thomas.

16. — Princes, maintenant qu'un républicain vous a loués, ou tout au moins qu'il a fait acte de justice, permettez qu'il fasse comme Platon pour Homère, et qu'il reconduise, couverte de lauriers, à la porte de sa république, votre principauté. Quant à votre personne, qui a offert son épée à la jeune République en guerre, sans arrière-pensée, j'espère qu'elle aura le même respect de sa paix et de sa volonté. Ce n'est pas de votre côté que viendra l'empêchement de réaliser, ou tout au moins de faire l'essai loyal de notre programme : « Ah! vous voulez gouverner la République, vous voulez la fonder, eh bien ! nous ne vous demandons qu'une chose, c'est d'abord de la recon-

naître. Mais une fois que vous l'aurez reconnue, nous admettrons parfaitement votre passage aux affaires. Car nous voulons présenter au pays ce spectacle de républicains de naissance, qui restent dans l'opposition en face de monarchistes convertis et forcés par la cohésion du parti républicain et la légitimité de la République, d'aider aux réformes qu'elle demande.

13

LIVRE IX

—

CAUSES PRÉTENDUES OU VRAIES DE NOS DÉFAITES.

Germanisation de la France. — Absence en province d'un général et d'un ministre de la guerre. — Trahison. — Supériorité de l'artillerie prussienne. — Complicité des populations civiles pourtant entichées de gloire militaire. — L'intendance. — L'état-major. — Les officiers et les sous-officiers. — Fautes de Napoléon III. — Fautes de l'opposition. — La vraie cause de nos défaites est une cause générale : c'est que la France n'est plus la France. — Esprit voltairien. — Son développement obscurcit les vérités premières. — La moralité sous le second empire. — Rôle de la petite presse. — Exemple par la Gâtine de l'état où nous sommes arrivés. — Malgré cela nous nous croyons le premier peuple du monde. — Il y a peut-être des remèdes. — L'instruction gratuite et obligatoire. — Une bonne loi militaire. — Le retour aux exercices du corps. — Une large décentralisation. — L'infusion de sang nouveau dans les veines du corps social. — Mais la France suit la loi imposée à chaque peuple.

1. — Nous venons d'assister à des désastres sans exemple dans l'histoire, et qui cependant ne sont que

la sixième partie de ceux subis d'août 1870 à février
1871. Pour les opérations d'Aurelles de Paladines et
de Chanzy, comme pour celles de Mac-Mahon, Bazaine, Trochu, Faidherbe et Bourbaki, des explications nombreuses et toujours les mêmes ont été ten-
tées.

On a parlé de l'espionnage élevé à la hauteur d'un
système guerrier. M. Alfred Maury s'est fait l'écho de
cette accusation contre la Prusse dans *la Revue des
Deux-Mondes.* « Paris et une foule de nos villes, dit-il,
étaient inondées depuis vingt ans et peut-être davantage, d'ouvriers, de domestiques, de commis, d'indus-
triels, de professeurs allemands. Le chiffre en croissait
tous les jours sans que nous y prissions garde. Loin
de nous alarmer de cette invasion, nous nous sentions
flattés de voir tant d'étrangers préférer notre pays au
leur et témoigner ainsi de la supériorité de notre sol
et de notre société. Mais on ne l'a pas oublié, la
guerre n'a pas été plus tôt déclarée que l'Allemagne a
rappelé toute sa colonie. Les allemands sont retournés
dans leur patrie, ils ont été rejoindre la grande armée
d'invasion qui s'avançait sur notre frontière, ils lui ont
servi de guides, ils ont marché en éclaireurs, ils ont
livré à leurs compatriotes les maisons dont ils avaient
été les hôtes, la demeure des familles auxquelles ils
avaient un peu auparavant demandé un asile et du
pain.» Il n'est pas jusqu'à notre goût national, notre
littérature, notre génie, qui ne subit l'influence allemande. Les romantiques, Hugo à leur tête, procédaient
de Gœthe ; la philosophie contemporaine est fille de

Hegel; Meyerbeer et Offenbach ont été nos idoles musicales, et quand ce dernier nous eut gâtés, l'Allemagne vint se moquer des admirateurs de la Grande Duchesse. Ils tiennent tant, ces Prussiens, à nous germaniser en partie, qu'ils ont imposé à Jules Favre, dans le traité de paix du 10 mai, la clause suivante : «Tous les allemands expulsés conserveront la jouissance pleine et entière de tous les biens qu'ils ont acquis en France. — Ceux des Allemands qui auraient obtenu l'autorisation exigée par les lois françaises pour fixer leurs domiciles, seront réintégrés dans tous leurs droits, et peuvent en conséquence établir leurs domiciles sur le territoire français.....»

Certes, la propension de la race germaine à s'implanter chez ses voisins est incontestable; sans remonter aux Francs et aux Saxons, nos pères et ceux des Anglais, dans ces derniers siècles n'avons-nous pas vu les États-Unis, la Nouvelle-Bretagne, l'Australie, une partie de l'Inde, le Cap, colonisés par des émigrations qui ont absorbé l'élément indigène? Mais au lieu d'accuser l'Allemagne, il vaudrait mieux s'en prendre à nous-mêmes de n'être plus le même peuple qui a fait les Croisades, *Gesta Dei per Francos*, et d'avoir laissé successivement périr nos plus grands comptoirs, l'Inde, l'Ile de France, les Antilles et l'Algérie, parce que tous les encouragements gouvernementaux n'ont pu réussir à y transplanter l'élément français.

2. — On n'a pas seulement songé, ai-je entendu dire, à pourvoir nos départements d'un général et

d'un ministre de la guerre. La capitale dans ses murs gardait trois généraux bien connus, Trochu, Vinoy, Ducrot, qui déjà tous trois avaient exercé des commandements; elle avait aussi le général Le Flô et un certain nombre de divisionnaires, tandis que nos départements, après avoir formé des armées de deux cent mille hommes, allaient être forcés de les confier à un général de division du cadre de réserve, à deux généraux de brigade récemment promus, à des officiers de marine; parfois même des corps de trente ou quarante mille hommes furent dirigés par de simples chefs de bataillons.

Est-ce que cette situation a été pour nous si accablante? D'heureux hasards ou d'heureux choix l'ont réparée, des noms à peu près inconnus la veille ont été bientôt environnés d'une haute réputation militaire. D'Aurelles de Paladines s'est montré un organisateur vigoureux, un chef prudent et énergique. Faidherbe et Chanzy, confondus dans la foule, n'ont eu qu'à paraître pour conquérir leur place parmi les généraux les plus estimés d'Europe. Au-dessous d'eux, sont venus Crémer le vainqueur de Nuits, Denfert qui nous a conservé Belfort, et Rossel ce colonel de génie que des convictions erronées et l'ambition devaient égarer depuis en si mauvaise compagnie. Tous ces officiers, malgré leurs défaites, ont grandi, et par leur seul talent, ils ont arraché l'admiration d'une Europe mal disposée à notre égard. Nos vieux capitaines, au contraire, ont vu pâlir leur gloire. Bourbaki, contraint ou de son gré, est venu aboutir des intrigues de Metz à la capitulation suisse ; Mac-Mahon a laissé cerner son armée à Sedan, et on ne sait si l'empereur en doit porter seul le fardeau, puisque ce dernier n'avait pas été battu à Woerth ; Bazaine est le plus compromis comme homme, si sa réputation militaire a haussé ; Trochu n'a pu s'élever au-delà de l'organisation ; quant à Ducrot et à Vinoy, ils n'ont même pas su imiter le général Douai à Wissembourg. C'est que les campagnes de Kabylie avaient fait oublier les traditions de la grande guerre à nos généraux. Où dans le Sahara, désert sans positions élevées, auraient-ils appris à se servir d'artillerie ? Là, on opérait avec de petits corps ; point de route où la marche fut une stratégie ; nulle géographie à savoir, peu de vivres et de munitions à emporter, car les expéditions n'ont jamais duré plus de quinze jours. L'Afrique, disait dernièrement à Londres un conférencier militaire, a été la Capoue de l'armée française.

3. — Passons à la trahison. C'était le mot de tous les fuyards de toutes les déroutes, le soupir des prisonniers, l'explication du gouvernement de Tours en face du bilan de l'empire et de l'assemblée de Versailles en face du bilan de la République. Quelle étrange manie ont les Français, écrivait à cette époque et à ce propos un journal anglais, de crier sans cesse à la trahison ; et quelle satisfaction peut donc trouver leur amour-propre, à découvrir parmi eux tant de traîtres, au lieu d'y voir simplement un petit nombre de lâches, quelques maladroits et beaucoup d'étourdis ?

Cependant nous avons été vraiment trahis, mais ce n'a pas été comme le croit la multitude, par un ou plusieurs individus qui nous ont vendus à l'ennemi pour quelques pièces d'or, ça été par l'incapacité et la légèreté de tous ceux qui ont exercé une influence sur le succès de la guerre, soit en la déclarant, soit en la préparant, soit en la dirigeant. L'ex-souverain a été trahi un peu par les rapports de ses Benedetti et de ses Lebœuf; beaucoup par son aveuglement et son obstination quand les hostilités n'étaient pas ouvertes; par son indécision et son ingérence dans une matière étrangère à ses connaissances, après Saarbruck. Les généraux, exception faite de Bazaine et d'un petit nombre étroitement intéressés à l'ordre de choses renversé le 4 septembre, ont été trahis par leur impéritie et la médiocrité de leurs talents, autant que par l'incurie de l'administration et la négligence de leurs subordonnés. Les officiers ont été trahis par les vices d'une organisation, qu'il ne dépendait pas sans doute d'eux de réformer; mais leur trop grande confiance, l'insuffisance de leurs connaissances militaires et de leurs études préparatoires les ont trahis plus encore. Les soldats l'ont été à leur tour par les mauvaises combinaisons de leurs chefs, mais ils se sont trahis eux-mêmes bien souvent par leur apathie, leur défiance et leur lâcheté. Tous enfin, sauf quelques clairvoyants ou beaucoup d'aveuglés par la passion politique, nous avons été trahis par l'incroyable facilité avec laquelle nous avons accepté la guerre, et par la présomption avec laquelle nous avons rêvé la gloire dans l'ignorance des forces de l'ennemi et de notre propre faiblesse.

4. — Il a été question de la supériorité de l'artillerie en nombre et en tir, je crois qu'elle a été souvent exagérée ; dans la période de guerre qui s'est écoulée entre la capitulation de Sedan et la capitulation de Paris, l'avantage du nombre fut de notre côté. A Coulmiers, nous avions deux pièces contre une, et au Mans, où le nombre était égal, les Prussiens n'ont pu mettre leurs canons en batterie par suite du verglas, nous l'avons vu, tandis que les nôtres, postées depuis longtemps et garnies d'épaulements, auraient pu leur faire grand mal. Si les pièces de campagne ou de siége étaient loin de valoir les leurs, et ceci par la faute des anciens élèves de l'école polytechnique, qui repoussaient systématiquement les canons se chargeant par la culasse, nos chassepots étaient à cent pieds au-dessus des productions allemandes. On a rencontré enfin des canonniers de la marine, habitués au pointage sur le flot agité, qui ont fait des merveilles de précision et laissé loin derrière eux les meilleurs artilleurs du roi Guillaume.

Quant à nos mitrailleuses, il est vrai qu'on en a fait un bruit exagéré ; qu'elles ne sont bonnes que pour la défensive, à cause de la faiblesse de la portée et de la non-explosion de leurs projectiles ; qu'elles ne peuvent rendre les services de l'infanterie dans les passages larges et découverts ; que la précision même la plus relative est impossible, et qu'enfin leurs artilleurs n'ont pas pour se couvrir

13*

les épaulements possibles, et même la largeur des pièces, la grosseur du matériel, sur lesquels peuvent tomber les éclats d'obus, dans l'artillerie de ligne. Cependant les mitrailleuses prussiennes sont des joujoux auprès d'elles ; et s'il est vrai que nos voisins nous envient notre corps de sous-officiers, c'est surtout sur celui de cette arme spéciale qu'ils doivent jeter un œil jaloux.

5. — Le mauvais vouloir des populations envers ceux qui venaient les défendre, doit être aussi compté ; ils aimaient autant donner aux Prussiens pour se racheter, qu'à nous dont la présence amenait inévitablement la présence de l'ennemi. C'est que nous ne nous sommes pas mieux conduits en France que les étrangers. Les mêmes mains qui avaient pillé Pékin, brûlé les Arabes, pendu les Mexicains, ont volé des poulaillers, enfoncé les caves, violé les filles, abattu le gibier réservé, coupé les arbres, orgueil des forêts. J'ai vu à Châteaudun, dans la sainte chapelle de Dunois, gratter au couteau des fresques vieilles et précieuses dont les officiers prussiens avaient admiré la valeur et protégé la conservation ; je sais bien que c'est plutôt la faute de la guerre que des guerriers ; le soldat ne doit mourir ni de faim ni de froid. La lutte a de terribles conséquences, et il est bien difficile de les séparer de la lutte même. Les armées sont l'image des révolutions ; qui peut leur dire, tu n'iras pas plus loin ?

Si donc, nous ne voulons plus être témoins de pareils méfaits, bannissons à jamais de nos esprits le culte malsain de la gloire, et, qu'excepté les guerres qui sauvent les empires, les guerres défensives, nulle ne soit proclamée légitime. Il y a deux cent cinquante ans que Henri 1V a cherché à constituer un tribunal international; l'abbé de Saint-Pierre a rêvé la paix perpétuelle; de nos jours, n'a-t-on pas inventé les congrès européens? Néanmoins, au moment où les luttes de l'industrie paraissaient seules en faveur, le vieux monstre a relevé la tête, la guerre a déchaîné ses ravages. Quand donc ne mériterons-nous plus l'apostrophe de Barbier, à propos de ce bronze que le maître d'Ornans vient de détruire, sans apercevoir l'œil rayonnant de joie du Prussien campé sur les hauteurs de Saint-Denis :

Ainsi passez, passez, monarques débonnaires,
    Doux pasteurs de l'humanité,
Hommes sages, passez comme des fronts vulgaires
    Sans reflet d'immortalité.
Du peuple vainement vous allégez la chaîne,
    Vainement, tranquille troupeau,
Le peuple sur vos pas, sans sueur et sans peine,
    S'achemine vers le tombeau.
Sitôt qu'à son déclin, votre astre tutélaire
    Epanche son dernier rayon,
Votre nom qui s'éteint, sur le flot populaire
    Trace à peine un léger sillon.
Passez, passez, pour vous point de haute statue,
    Le peuple perdra votre nom;
Car il ne se souvient que de l'homme qui tue
    Avec le sabre ou le canon;

Il n'aime que le bras qui dans des champs humides
Par milliers fait pourrir ses os ;
Il aime qui lui fait bâtir des pyramides,
Porter des pierres sur le dos.

6. — Une des causes fort accréditée de nos désastres, c'est l'intendance ; elle a été accusée de n'avoir pas fait son service et d'avoir ainsi ôté aux soldats sans vivres les forces nécessaires aux marches et aux combats. Sans méconnaître tout ce qu'il y a de défectueux dans cette administration, je prétends que c'est une tête de Turc sur laquelle on a trop frappé, et dont les officiers généraux se sont servis pour excuser bien des contre-marches inutiles ; les simples officiers de création récente, en particulier ceux de mobiles, pour légitimer l'inaccomplissement de corvées, et le dénuement où ils laissaient leurs soldats, ignorant l'heure, l'endroit et le savoir-faire des distributions.

Que pouvaient faire les intendants de cet immense rassemblement de voitures, de charrettes, de fourgons, d'omnibus, couvrant huit kilomètres de long, conduits par des charretiers réquisitionnés et récalcitrants, qui parfois tuaient les gendarmes de la prévôté. Je fus le témoin d'un fait de ce genre à Fatines où le meurtrier fut arrêté par un prisonnier prussien, lorsqu'à la fin de l'année dernière, Chanzy touchait aux termes de sa retraite. Si les grands convois étaient aussi embarrassants, c'était bien autre chose des petits. Il fallait les faire parvenir à travers des routes coupées de tranchées, obstruées de barricades faites par nous et toujours tournées contre nous, les faire parvenir sans escorte suffisante sur des points menacés par l'ennemi, où la plupart du temps les Français n'étaient plus, car, dans cette guerre, et dans vingt-quatre heures, le même corps occupait parfois vingt-quatre positions.

7. — Notre état-major a eu sa part d'attaque. Il est certain que sous l'empire, les officiers qui le composaient, odieux à l'armée par les prérogatives dont leur avancement était gratifié, perdaient, au bout de peu d'années, l'instruction assez belle qu'ils avaient acquise à l'école, en servant d'ordonnances aux vieux genéraux, auxquels ils rendaient parfois des services moins avouables. Si quelqu'un d'entre eux persistait à travailler, il était délaissé, car la routine a toujours paru préférable à l'intelligence dans l'état militaire.

Gambetta ne les recruta pas mieux, il n'avait d'ailleurs pas le choix. Ce furent presque tous des fils de famille, fruits secs de la finance, du barreau ou de la littérature, ayant le moyen de se payer un cheval, et plus habitués à caracoler aux bois, à la portière des grandes ou petites dames, qu'à lever des plans. Ils portaient de beaux costumes, choisissaient les meilleurs logements, buvaient bien, se levaient tard, avaient des femmes à leur remorque. En revanche, ils faisaient exécuter, avec une stricte rigueur, les ordres qui consignaient le camp aux soldats ou officiers, qui venant de faire leur devoir auraient bien voulu se délasser un peu. A la cour martiale, ils eussent été pour la peine de mort, car vis-à-vis des vieux officiers qui la composaient, faiblir pour d'autres que pour eux, eût été une complaisance aux idées nouvelles. Malgré tous ces reproches mérités, l'état-major n'est pas l'armée entière.

8. — Les autres officiers ne valaient pas mieux. Eux aussi remplaçaient le col de soie noire du réglement, par les pointes irréprochables d'un faux-col blanc à faire envie aux habitués du boulevard; une raie à l'ange ou au baudet, séparait en deux parties d'une égalité parfaite des cheveux pommadés. Leurs tuniques étaient du dernier faiseur: leurs bottes inimitables; leur cheval occupait trois brosseurs : leurs éperons, au bas d'un pantalon aux plis majestueux, scintillaient au soleil; et le geste dont ils jetaient en entrant au cercle leur bride à un ordonnance, distançait Mirabeau répondant à M. de Dreux-Brézé.

Si les soldats de fortune ne pouvaient se payer ces distractions, au moins tous avaient le droit de préférer le baccarat à l'école régimentaire, et le vermouth à la manœuvre. La pension et le lupanar rétablissaient l'équilibre de la camaraderie. Avaient-ils fait du bruit au café chantant ou au théâtre, et attiré à la promenade publique les regards de quelques jeunesses élevées sur les genoux de l'Eglise, ils s'imaginaient ne pas avoir perdu leur journée. Quand l'âge de la retraite arrivait, nos officiers épousaient quelque vieille fille qui les menaient à confesse, et dorénavant après l'absinthe, ils portaient aux processions les coins du dais. Si ces portraits ne s'appliquent pas à tous, et je m'empresse de le reconnaître, du moins étaient-ils trop nombreux pour l'exemple et pour la dignité de nos officiers.

Mais les sous-officiers, par lesquels certains républicains voulaient remplacer ces ganaches, avaient les mêmes vices, un peu plus crapuleux peut-être, et moins de qualités. C'étaient des gens qui n'avaient pu arriver même avec l'ancienneté, et qui, comme caporaux d'ordinaire, fourriers ou sergents-majors, avaient passé les plus belles années de leur vie à faire sauter l'anse du panier, comme les cuisinières leurs payses. A tort on les supposait dévoués au nouveau régime ; mauvaise théorie qui prenant le progrès pour mot d'ordre, n'en veut pas mieux faire de 1871 le pastiche de 1793 ! Souvenir stupide des sergents de La Rochelle ! Lorsque les alliés vainquirent le premier empire, à la grande joie de la bourgeoisie qui n'aime pas à risquer sa peau et dont les affaires allaient mal, il y eût une fusion entre le parti républicain et les bonapartistes, entre les vainqueurs et les vaincus de brumaire ; l'amitié qui avait uni Robespierre à Napoléon renaquit. Puisque les napoléoniens n'étaient que des révolutionnaires ayant profité de la révolution, du moment qu'ils n'en profitaient plus, la haine des purs révolutionnaires n'avait plus sa raison d'être. D'ailleurs la Restauration proscrivait leur drapeau commun. Alors tout ce qu'il y avait de sous-officiers se mit à faire partie des sociétés secrètes, à propager le républicanisme. Cependant il ne faut pas s'y tromper ; un pur dévouement n'animait pas leurs convictions : si Waterloo ne les eût forcés de rentrer leur épée au fourreau, et n'eût contrarié leur avancement et leur fortune, qui peut affirmer qu'ils ne se fussent pas ralliés à ces Bourbons qu'ils combattaient ? Aussi, quand l'armée avec le deuxième empire n'était pas avec les républicains, c'est que ceux-ci maîtres du pouvoir en février 1848, avaient parlé de paix perpétuelle et de désarmement. Et en février, ayant le même reproche à adresser à Louis-Philippe, elle se rangeait avec empressement autour du gouvernement provisoire. Si demain, à l'empire qui a guerroyé, succède la république, forte, libre, et bien avec tout le monde, quiconque de par Gambetta a passé de soldat à trois chevrons, sergent, ne pouvant plus monter en grade, sera l'ennemi né du nouvel ordre de chose et de cette démocratie à laquelle il doit le jour. Qu'on nous débarrasse au plus vite des soldats de métier !

9. — On a reproché à l'empire de n'avoir voulu augmenter l'effectif de ses cadres que sur le papier, et au moyen de l'exonération, de prendre l'argent de ceux qui voulaient se dispenser du service militaire, sans leur trouver un remplaçant ; d'avoir eu la main forcée à la guerre par le pays, qui l'eût accusé de préférer sa dynastie à la France en laissant mettre un Hohenzollern là où il n'avait voulu qu'éviter un Montpensier ; enfin battu en brèche par la révolution, et acculé par le déficit du budget, d'avoir risqué tout dans une entreprise qui pouvait aussi bien faire sombrer le trône que lui redonner le prestige et la force nécessaire à son héritier grandissant.

Ces raisons ne sont applicables qu'à la première période de la lutte contre la Prusse, et elles sont mauvaises, car elles ont pour but de rendre la nation complice d'un crime.

10. — Les bonapartistes d'un autre côté ont accusé l'opposition d'avoir pendant vingt ans réclamé contre le budget de la guerre, les armées permanentes, le contingent ; d'avoir tenu école d'indiscipline dans l'armée, et insulté les généraux en les traitant de prétoriens. Si les membres du gouvernement du 4 septembre, alors députés de la Seine, ont attaqué le contingent, le budget de la guerre, les armées permanentes, c'est qu'étant républicains ils n'auraient pas déclaré la guerre ; une armée nationale comme en Prusse, leur semblait préférable et l'événement l'a bien prouvé. Ils raisonnaient dans l'hypothèse où leurs voisins ayant le même gouvernement qu'eux, des fous sanguinaires, comme Guillaume et Napoléon, n'auraient pas le pouvoir de déchaîner les peuples les uns contre les autres.

Les accusations de l'empire fussent-elles vraies, que le désastre retombe tout de même sur sa tête, car ses candidats officiels faisant la grande majorité de l'ancienne chambre, devaient armer malgré l'opposition. A qui revient en somme la faute du sommeil où a été laissée la loi du 1er février 1868, la non-organisation et la non-instruction de la mobile, sinon à celui qui ayant tenté de rassembler les gardes, les a aussitôt renvoyés dans leurs foyers, parce qu'ils avaient poussé des cris séditieux contre sa personne, préférant une fois de plus l'intérêt de sa dynastie à celui des Français.

Est-il vrai que l'armée ait besoin de cette obéissance passive que l'on adoptait l'an passé? N'est-ce pas un de ces préjugés comme la bureaucratie et la probité militaire qu'on ne fera jamais croire aux honnêtes gens d'une autre étoffe que la leur? Avec l'idée du devoir, l'amour de la patrie, l'enthousiasme pour la liberté, le désir d'une vengeance légitime, la considération de chefs capables et choisis, nait l'union des efforts. La théorie de l'armée qui ne discute pas est absurde; car dans une guerre civile, pour savoir quel est le gouvernement auquel on doit obéir, il faut qu'elle apprenne de quel côté est la légalité, ou si demain un officier, un soldat dont le chef serait passé à l'insurrection, recevait un ordre, il devra l'exécuter par cela seul que c'est un ordre.

Quant aux généraux, s'ils n'étaient pas prétoriens, ils n'ont pas dû prendre pour eux cette qualification, et s'ils l'étaient, leurs sentiments ne sont pas dignes de considération par les Français à la hauteur de ce nom.

11. — Il a été parlé encore du manque de direction qui a fait que non-seulement aucun plan d'ensemble n'a été adopté, mais encore que dans des rencontres de deux cent mille hommes, comme Orléans et Le Mans, on se battait au hasard, où était l'attaque, et nullement où on aurait dû s'y attendre faisant reposer ainsi l'issue finale sur le résultat de mille engagements. Et la température, que n'a-t-on pas mis sur son dos?

On a été jusqu'à la comparer à celle que nos grands-pères avaient rencontrée en 1812, dans les steppes neigeuses de la Russie, après l'incendie de Moscou. N'était-elle pas la même cette température, pour les Prussiens que pour nous, et nos marches excessives ont-elles même égalé les leurs? Dernière cause prétendue: l'incurie de nos généraux qui nous laissaient exposés aux intempéries du bivouac ou de la tente, quand l'ennemi était cantonné dans de bonnes fermes.

Tout cela ce sont des raisons partielles de nos défaites, ce n'est pas le fin mot. L'intendance eût été bonne, l'état-major eût connu son terrain, les officiers eussent été capables, la guerre contre nous n'eût pas été préparée de longue date, l'artillerie ennemie eût été moins nombreuse, l'empire ne nous eût pas volé, un homme de guerre nous eût commandés, la température eût été douce, les fatigues du soldat ménagées, l'ennemi moins bien renseigné, les populations plus sympathiques, que nous eussions été vaincus tout de même. Nous l'avons été, non par la faute de tel ou tel français, mais par la faute de la France elle-même.

On pourra réparer l'administration et le gouvernement, ce qu'on ne retrouvera plus, c'est cette énergie de nos pères en 1792, qu'on vit sur la place d'Amsterdam, alors la plus riche ville du monde, fatigués, affamés, altérés, en haillons, sans souliers, attendre patiemment pendant la pluie d'hiver et derrière les faisceaux une distribution de billets de logement, et le soir n'aggravant pas les charges de l'habitant ni celles de la commune. Un jour ils s'étaient oubliés à réclamer des vivres et des vêtements. Saint-Just leur répondit : La Convention a envoyé de la poudre et des balles, et ajoute qu'avec cela vous feriez le tour du monde. Les applaudissements partirent de tous les rangs. Alors nous montions, aujourd'hui nous sommes descendus. Il fut un temps où la France produisait des Hoche et des Bonaparte à vingt-cinq ans, comme elle avait donné des Condé à vingt-deux ans. La Marseillaise nous conduisait à la victoire, les Messéniennes pleuraient nos défaites. Maintenant la patrie a atteint l'âge de la stérilité, son gosier n'a plus de cris de joie, et ses yeux plus de larmes.

12. — Il faut l'imputer à Voltaire ou du moins à ce côté du génie français dont cet homme a été le représentant le plus complet. Sans méconnaître les services qu'il a rendus à la cause libérale et les notes émues qu'il tira de son luth usé en faveur de Sirven et de Calas, il est certain que l'arme qu'il a employée était à double tranchant, et qu'après avoir abattu la société ancienne elle a empêché de bâtir la nouvelle. Qui pourra jamais énumérer le mal que cette école individualiste a fait à notre pays depuis Montaigne, et que d'honnêtes gens elle a faussement séduits. N'en étaient-ils pas, ces politiques qui firent au temps de la Ligue la satire Ménippée ; ces Girondins, dont le vingt-et-un mai 1793 vit condamner la tête éloquente et glorieuse; les ministres et les souteneurs du gouvernement de Juillet; les députés et les journalites qui, il y a un an encore, pratiquaient la théorie de l'Union libérale ! Le scepticisme, hélas ! voilà notre maladie.

Vers 1830 au moins, son excès était presque une croyance, ses blessures aiguës faisaient du bien, et les Musset, les Jouffroy en naquirent; mais aujourd'hui la maladie est devenue chronique, et c'est le doute universel, constant, irrespectueux, qui s'est abattu sur nos âmes.

> Dors-tu content, Voltaire, et ton hideux sourire
> Voltige-t-il encore sur tes os décharnés ?
> Ton siècle était, dit-on, trop jeune pour te lire ;
> Le nôtre doit te plaire, et tes hommes sont nés.
> Il est tombé sur nous, cet édifice immense,
> Que de tes larges mains tu sapais nuit et jour.

Oh! combien j'aime mieux l'auteur du Contrat Social, et de la Profession de foi du Vicaire savoyard; il n'a point passé de son vivant glorieux et puissant comme un roi, mais sa pauvreté et ses persécutions ont été fécondes pour le monde. Son livre est un évangile; les plus grands écrivains du siècle, les meilleurs, les plus populaires, ont procédé de lui, Bernardin de Saint-Pierre, Châteaubriand, Lamartine, George Sand, et les philosophes et les gouvernements ayant reconnu la vérité de ses doctrines ont tâché de les appliquer. Les sociétés nouvelles procèderont de lui.

13. — Tandis que l'homme de Ferney a obscurci chez nous jusqu'aux vérités premières, les plus simples et les plus nécessaires aux individus comme aux nations. Qu'a-t-il fait par exemple du vrai, du beau et

du bien d'où découlent ces trois termes magiques : égalité, liberté, fraternité.

Le vrai a été remplacé par ce qu'on a appelé la conservation. Conserver est devenu en France la manie de la majorité qui ne s'aperçoit pas que dans la loi sociale, qui n'avance pas recule.

Quant au beau, c'est un vieux saint qu'on ne chôme plus. Il est de mode d'appeler folie tous les sentiments généreux, depuis le courage sur le champ de bataille jusqu'au dévouement récompensé par M. Monthyon. Quiconque s'occupe de politique passe pour une mauvaise tête, tandis qu'à Athênes il y avait une loi punissant celui qui ne se rangeait pas dans un camp lors d'une guerre civile. Aujourd'hui, la lâcheté s'appelle habileté ; l'égoïsme, prudence, et le dédain de tout ce qui est grand, bonnes manières. Les peintres, les poètes, les littérateurs, les musiciens, les sculpteurs passent aux yeux du bourgeois pour des sans le sou et des gobergeurs qui ne sont dignes d'aucune considération.

Reste le bien ; on sait ce qu'est devenue la moralité publique. Cette débauche due à l'agrandissement spontané de certaines fortunes, commencée sous Louis-Philippe a été continuée sous l'Empire et elle a atteint son maximum par les tripotages du Crédit mobilier, foncier, agricole, et autres crédits aujourd'hui sans crédit. Qu'étaient-ce d'un autre côté que ces expositions qui faisaient de la France l'hôtellerie, l'entrepôt commercial, le champ de foire, et un autre lieu de plaisir pour l'Europe que la pudeur empêche d'écrire ?

14. — Le plus grand moyen de Napoléon III, pour maintenir son pouvoir, était la corruption. Je ne veux pas insinuer que la façon dont Horace Walpole l'entendait, et qui a rendu horriblement célèbre ce ministre de Georges III, prétendant avec raison savoir le prix de chaque conscience humaine, lui fût complètement étranger. Mais c'était en favorisant la débauche qui engourdit, qu'il espérait arrêter plus longtemps le réveil de la jeunesse libérale en France. Il savait bien que lorsqu'on a tout perdu, c'est dans l'orgie ou dans la religion, que l'on cherche une consolation qui n'est jamais qu'une lâcheté. Or, en ces temps où l'alliance du trône et de l'autel est consommé, celui qui a vu la liberté, sa plus chère maîtresse, quelquefois son unique, succomber sous le coup des deux, comment pourrait-il hésiter? Samson, au jour de sa victoire, allait bien voir Dalila, nous qui avons perdu la vigueur des anciennes races, ne sommes-nous pas excusables au jour de notre défaite? Mais Dalila n'a pas changé, elle s'entend toujours avec les Philistins, le collier que ses bras roses et moulés forment autour de notre cou, nous cache un autre collier contre lequel nous protesterions. De sorte que nous retrouvons présent ou caché, le tyran, jusque sur l'oreiller de nos amantes : il laisse faire parce qu'il profite, lorsqu'il n'ordonne pas.

Suétone rapporte que Caligula fit taxer les prostituées précisément au prix où elles se vendaient, et il ordonna que l'on tiendrait registre de celles qui faisaient commerce, fussent-elles mariées. Etait-ce pour les conduire, en cas de maladies contagieuses, au Saint-Lazare du temps, qui avant la découverte de l'Amérique, n'aurait eu qu'à-demi sa raison d'être ? non, mais pour soumettre les réfractaires à la double et à la triple taxe. Les maîtresses de maison et les marchandes à la toilette ont-elles seules remplacé le fils du grand et bon Germanicus? Pas du tout, l'Etat est là encore, qui fait payer patente aux restaurants bien connus pour leur donner un abri respecté de toute autre femme. Si Mlle X..... prend un bain de champagne, la régie prélève le droit d'entrée. Si Mlle Y..... poursuit en justice le recouvrement d'un billet souscrit par un époux d'une nuit, l'enregistrement prend sa part de l'argent détourné au mineur.

15. — Les meilleurs auxiliaires de l'empire dans cette voie, furent certains journaux, qui à prix d'argent ou par oblitération du jugement de leurs rédacteurs, tentèrent d'unir dans un format quotidien l'esprit voltairien et la débauche. Si le style est l'homme, c'est bien à cette presse, la petite, que se reconnaîtra la deuxième moitié du XIX^c siècle. Pendant que les Prévost-Paradol, les About, les John Lemoine, les Veuillot, les Neftzer, continuaient la tradition de 1830, on vit une pléïade de bohêmes entrer de plein-pied dans la littérature et dans la politique. Une incorrection de phrases, qui débuta par la pauvreté des idées et l'ignorance de la syntaxe, et qui finit par être un système pittoresque, voici pour leur forme. Dénigrer, non par esprit de parti, mais pour le plaisir de dénigrer, salir tout ce qui était propre, soulever le

rideau des alcoves, regarder derrière le mur de la vie privée la plus irréprochable, remplaçant l'esprit par le calembourg, tel fut le fond. Passe encore de faire le mal et de l'excuser, mais que dire de ceux qui le réhabilitent et le font aimer? Joignez à cela le revêtement, le vernis de la fatuité; ne parler que de soi, donner des remèdes pour tout, être mieux renseigné que personne, étaient les principes inculqués par les maîtres de ces maisons à leurs disciples. Tous les matins ils remettaient sur le tapis cette pensée, nous sommes les journaux amusants, à bas ceux qui s'occupent de politique; ceci est la littérature des gens bien élevés, les feuilles qui ont souci des classes laborieuses ne le sont pas. Le mépris de la loi, témoin le *Figaro,* imprimant les comptes-rendus des procès de presse, malgré le tribunal; le duel, je n'ai pas besoin d'énumérer tous les bretteurs de ces feuilles; des procédés comme ceux que Villemessant employait à l'égard de Génuphle Sol, c'est-à-dire briser toutes les carrières, parce qu'on a eu le tort de rougir d'un jour de vices, et d'essayer de le réparer, la réclame poussée à ce point, que St.... le polonais imaginait un duel avec un zouave pontifical et le tuait sur le papier, pour s'attirer quelques-uns des lecteurs du *Siècle;* tel est le complément des agissements de la petite presse.

Elle a fait plus de mal à elle seule que les Prussiens, en déshabituant la France du travail et du devoir, et en lui persuadant que Musard était un grand homme, et W... le prussien, le type de l'honnêteté et de la chasteté. Si la gloire de Cora-Pearl a été de pair

14*

avec celle de Bismark ; si la Biche au Bois a éclipsé Hernani, c'est aux articles de ce crû qu'on le doit. Ainsi les Rochefort, les Vallès, les Lockroy débutèrent dans la gloire. Certes, ces gens-là avaient du talent, mais la tournure qu'il prit en passant rue Rossini, eut son fatal contre-poids. Une fois lancé dans cette voie, on ne s'arrête plus.

16. — Avec tout cela veut-on savoir où nous en sommes arrivés, prenons par exemple le paysan de la Gâtine qui, sous la première révolution, s'est battu avec les émigrés et les rois leurs alliés, sans souci de son intérêt, qui lui conseillait d'extirper la dîme et d'acquérir la propriété morcelée. Maintenant que les lois votées par ses adversaires l'ont fait propriétaire malgré lui, voilà le portrait mérité qu'en a publié le 10 février 1871, sous la signature Etienne D., l'*Echo de Parthenay*.

« Anciennement sobre et laborieux, c'était lui qui pouvait le mieux soutenir les fatigues écrasantes de la guerre. Habitué à vivre de peu, en plein air, à marcher sans cesse, à fortifier ses muscles par un travail continuel ; c'était, moins la science des armes, un soldat tout formé. En est-il de même aujourd'hui ?

« Le fermier vendant très-cher ses denrées depuis vingt ans (lequel accroissement de commerce n'est dû qu'à la facilité des transports par les chemins de fer, et n'est guère imputable au régime déchu), le fermier est devenu riche, il s'est donné des douceurs, et ses enfants ont voulu jouir. Ils se sont, bien entendu, fait racheter du service militaire ; ils sont devenus des demi-messieurs, des *métis*; eux si joufflus, si charnus, ils ont tourné aux petits crevés; en fait de fatigue, ils ne connaissent que celles de la débauche, c'est la seule qu'ils peuvent supporter.

« Le valet de ferme de son côté, se sachant très-couru, loue ses services à un très-haut prix. Dans son marché, il spécifie tel genre de nourriture, il ne mange des choux que deux fois par semaine, des haricots trois fois, il lui faut sa chopine de vin à chaque repas, la goutte, le café, etc. Il a imposé dans ses conditions la faculté pour lui, d'aller à toutes les foires des environs, non pour y faire des affaires, mais pour s'y enivrer, faire la noce comme ils le disent. Le lendemain de cette orgie, de quel travail est-il susceptible, c'est une journée perdue, monsieur a mal à la tête, il est très-sujet aux migraines, et le maître n'ose rien dire; le domestique de ferme, à la moindre remontrance, quitterait la maison pour aller ailleurs.

« Le fermier est donc l'esclave de son valet, ses propres enfants ne lui donnent pas moins de souci; à eux non plus il ne faut pas adresser de reproches, ils partiraient du toit paternel. Le respect, la soumission n'existent plus au village . . . . Aujourd'hui, le malheur des temps a fait que tous ils soient soldats; habitués à faire toutes leurs volontés, il faut qu'ils se courbent sous la discipline rigoureuse et nécessaire de l'armée, chose rude pour eux, qui ont appris à désobéir. Une nourriture grossière et souvent insuffisante leur est donnée; leurs ancêtres bleus ou blancs, ces héros en sabots, soit dans un camp, soit dans l'autre, s'en contentaient ; eux, ils murmurent et désertent.

« A la guerre, les mouvements stratégiques, bien conduits font souvent plus pour la victoire que des coups de canon. Mais pour exécuter ces marches et ces contre-marches habiles, il faut que les soldats aient les jambes solides ; nos paysans ont tous des carrioles aujourd'hui, la moindre marche les anéantit.

« Si nos citadins propriétaires, négociants, artistes, artisans, ne le cèdent guère aux campagnards, sous le rapport de la recherche du bien-être, du moins chez la plupart d'entre eux, il existe un ressort puissant qui réagit contre l'abattement momentané, et leur fait accepter, sinon avec joie, du moins avec résignation, les privations sans nombre, cette extrémité cruelle que la guerre impose à tous. Ce ressort c'est la force morale, elle n'existe pas chez le paysan. »

17. — Malgré tout cela nous nous croyions le premier peuple du monde, et ce qu'il y a de pire nous le disions. On criait à Berlin sur tous les carrefours, et la maison de M. Thiers, cette maison de la place Saint-Georges, que la commune devait depuis raser, ce ministère de la justice, demeure d'Ollivier au cœur léger, mais hostile à la guerre avant sa déclaration, étaient assaillis à coups de pierre, par la complicité de la police gouvernementale. Pour nous le monde semblait finir aux Pyrénées et à Dunkerque, au Rhin et à l'Atlantique, et peu s'en faut que comme les Romains et les Grecs, nous n'appellassions nos voisins

des barbares. Madame de Staël nous avait bien fait la révélation de l'Allemagne littéraire ; encore depuis elle Kœrner et Arndt lui avaient donné une autre figure, mais de l'Allemagne militaire et politique, qui s'en doutait ? l'art de battre les Français par Frédéric-Charles, qui le lisait ? le canon Krupp, qui voulait l'examiner ? les discours de M. de Bismark, qui ne s'en moquait ? Eût-on rencontré, même il y a un an, cent Français connaissant le nom Schanarhost, et le baron de Stein ? Les légistes ouvraient bien de temps en temps un livre imprimé à Heidelberg ; les ministres voulaient bien aller en été jusqu'à Bade, mais c'était tout. Pendant cette guerre les Anglais et surtout les Américains sont venus étudier dans nos états-majors, mais quels militaires contraints ou forcés, ont observé de près ces admirables campagnes de la guerre de sécession, ces révélations de généraux, ces créations d'engins de tout genre. Nous restions même sourds aux avertissements de la fortune : la campagne de Crimée n'avait pas donné le résultat attendu, peu s'en faut que celle d'Italie n'eût une autre issue ; enfin au Mexique, témoin Puébla, nous avions essuyé des échecs sérieux.

Malgré cela, je le répète, nous nous croyions le premier peuple du monde. Or, écoutez ce que du sein de son exil et de la ruine de son peuple, écrit en 1809, à son père, la mère du roi Guillaume, cette Louise de Mecklembourg-Strelitz, dont le nom est resté si populaire : « Nous avons dormi sur les lauriers du grand Frédéric, qui avait comme le héros de notre temps, commencé une ère nouvelle, mais nous n'avons pas fait les progrès que les événements exigeaient de nous, et nous avons été dépassés. » Et M. Auguste Cochin ajoute avec raison : « La Prusse avait dormi, après Frédéric et Rosback, la France a dormi du même sommeil sur sa gloire de 1789 et ses lauriers d'Austerlitz. Elle s'est crue deux fois souveraine du monde, par les armes et par les idées, elle ne parlait plus sans dédain, du travail et du devoir, mots assez mal sonnants et bien vieux qu'il nous faut rajeunir. L'Allemagne a travaillé, son réveil est dû à l'énergique effort de quelques hommes supérieurs, aidés par l'effort obscur de chacun à son poste, dans sa famille et dans sa maison. La guerre actuelle peut être définie, la défaite de gens d'esprit qui ne travaillent pas, par des gens de sens qui travaillent. »

18. — Chez nous y a-t-il un remède ? peut-être, en employant les moyens radicaux. Il nous faut d'abord une instruction gratuite et obligatoire. Je n'ignore pas que le sentiment du devoir et de la patrie bien compris donne aux troupes des forces que l'intérêt ou la discipline ne peuvent égaler. Ce qu'il importe avant tout, c'est de bien savoir pourquoi on se bat, car indépendamment de l'instruction, il y a la foi religieuse ou républicaine. Les bleus et les blancs de la 1re révolution, ont soulevé des montagnes. De nos jours même, à côté des républicains sans confiance dans le gouvernement définitif, et des Français sans confiance dans la république, ce sont

les Bretons, mobiles ou zouaves pontificaux, les moins instruits des habitants de notre territoire, qui ont mérité l'admiration de tous.

Mais entre mériter l'admiration et vaincre, la différence est grande, et si nous avons mis en déroute il y a quatre-vingts ans, la coalition des rois, c'est que relativement nous étions plus avancés dans les lettres et dans les sciences que nos voisins. A l'appui de mon opinion vient le rapport de M. le baron Stoffel. Dans ce rapport du 23 avril 1868, notre attaché militaire à Berlin, s'exprime ainsi sur l'instruction primaire : « Or, je le demande, quel est le général qui hésiterait un seul instant si toutes choses égales sous le rapport de la force physique, de la discipline, du nombre d'années de service, il avait à opter entre le commandement de deux armées de 100000 hommes chacune, l'une composée entièrement d'élèves de l'école polytechnique ou de Saint-Cyr, et l'autre composée de paysans du Limouzin et du Berry. Quand il n'y trouverait que l'avantage d'instruire plus vite les troupes de dépôt, son choix ne serait pas douteux. Mais il y a plus, car c'est sous le rapport moral qu'une des deux armées vaudrait mille fois l'autre ; et à ce sujet je citerai ce que l'on me racontait en Bohême, au mois d'août 1866, des officiers et sous-officiers Prussiens. Fiers de leurs succès, ils les attribuaient en grande partie à la supériorité intellectuelle de leurs soldats et ils me disaient : « Lorsqu'après les premiers combats, nos soldats se trouvèrent pour la première fois en présence des prisonniers Autrichiens, qu'ils virent de près et interrogèrent les hommes qui pouvaient à peine distinguer leur droite de leur gauche, il n'y en pas un seul qui ne se regardât comme un dieu, comparé à de telles gens, et cette conviction décupla nos forces. »

On a répété à satiété au commencement de ce siècle, que c'était dans les universités d'Oxford et de Cambridge que s'était gagnée la bataille de Waterloo ; on peut dire avec vérité maintenant, que c'est à Heidelberg, à Bonn et à Leipsick que se sont préparés les succès de Sadowa, de Wœrth, de Metz, de Sedan et de Paris. Pestalotzzi et Frebel, ces contemporains de l'institution de la landwher et de la landsturm, ont autant fait en fondant leurs écoles, en répandant la culture intellectuelle, que tous les ministres de la guerre passés et présents.

19. — Il nous faut ensuite réformer de fond en comble notre mode de recrutement et toute notre organisation militaire. Dans une nation comme la France, on s'obstine à maintenir deux institutions aristocratiques : le tirage au sort et le remplacement, qui affaiblissent le contingent en face de la guerre étrangère, font défendre la France par des gens qui n'y ont aucun intérêt, et qui dans la guerre civile offrent les plus grands dangers. Car les enfants des classes moyennes se font remplacer quand ils n'ont pas de bons numéros. Ce qu'on appelle les vendus forme alors une grande partie de l'armée, et à leur sortie du service, déclassés, fainéants, ivrognes, ils sont prêts à mettre le pied sur la gorge de l'honnête

homme, que son éducation n'avait disposé ni au courage, ni au maniement des armes.

Le plus grand inconvénient de ce système c'était d'avoir forcément la mobile comme troupe de réserve. Ainsi l'armée active en nombre d'ailleurs trop faible, venant à subir un échec, il fallait en appeler au 2e ban, et ce 2e ban, exercé même dans les limites de la loi était d'une valeur puérile. La réserve au contraire, c'est-à-dire la troupe qui doit entrer en ligne lorsque les autres plient, lorsque le feu de l'ennemi est à son maximum d'intensité, lorsque les positions sont mêlées, doit être composée de soldats d'élite. Or, la mobile de quelque qualité qu'elle ait fait preuve pendant cette guerre, quelle qu'ait été sa supériorité sur l'armée active après Sedan, était matériellement incapable de ce rôle.

Une autre cause d'infériorité du système, c'est la difficulté de mobiliser notre armée. Tandis que nos soldats du midi gagnent à grand'peine leurs régiments du nord, qu'il faut transporter le matériel à travers la France, que le ministre de la guerre s'occupe à réunir deux régiments situés souvent à cent lieues de distance pour en faire une brigade, deux brigades pour en faire une division, trois divisions pour en faire un corps d'armée, trois corps pour en faire une armée, pourvoir le tout de cavalerie et d'artillerie, organiser les services, composer les états-majors, et faire des promotions dans tous ces nouveaux emplois ; la Prusse rassemble en huit jours ses hommes et son matériel étiquetés en temps de paix au chef-lieu de leurs provinces, qui correspondent au corps d'armée ; et au jour dit, tous les corps se réunissent sur un point donné de notre frontière.

Si l'on joint à cela l'inconvénient de nos centres d'approvisionnement et de nos arsenaux placés à portée du tir de l'ennemi comme Strasbourg, ou menacés dès la première défaite comme Metz, au lieu d'imiter nos voisins qui plaçaient les leurs en Silésie, et d'avoir les nôtres à l'abri des Pyrénées ou de la mer, notre système de défense est-jugé.

Et je ne suis pas le premier à signaler ces vices capitaux. Cependant malgré nos soins à les signaler depuis longtemps, car en 1870, dans ma thèse de doctorat en droit, je me prononçais nettement pour qu'en France la nation soit une armée au lieu que l'armée soit une nation, ce qui m'attira les réprimandes de quelques professeurs qui depuis ont dû le regretter, cependant malgré nos soins, le principe de l'obligation du service militaire compte encore des partisans parmi les gens dits spéciaux ; il en compte parmi nos gouvernants ; et dans la nouvelle loi je ne suis pas sûr qu'il soit adopté, ou tout au moins qu'on n'y apporte pas quelque tempérament qui en détruise le bénéfice.

20. — Ce qui pourra contribuer aussi à ce que nous remontions dans l'opinion publique, c'est la reprise en France de la culture des exercices du corps : le gymnase, les armes, la natation, le cheval, la chasse, la lutte, etc. Je l'ai entendu dire à des hommes sérieux, et je suis entièrement de cet avis ; la Grèce est pour moi un peuple modèle, et sans parler de la

moralité qui en résulterait à mettre chaque jour le nu en évidence, pour qu'il ne devînt pas désirable et honteux, sans parler de ce qu'y gagneraient les beaux-arts, à avoir sous les yeux des types sains et pudiques, j'ai toujours cru qu'il y avait dans ce délaissement une déperdition des forces antiques. Sous le beau ciel de l'Attique, la vigueur et la beauté furent un culte. Les femmes couraient sur les places publiques pour admirer les lutteurs sans voiles, elles-mêmes à Sparte prenaient part à ces jeux. Les hercules qui aujourd'hui sont le rebut de nos foires de province, étaient les premiers artistes de ce peuple civilisé et plein de goût; ils étaient révérés à l'égal des dieux, rentraient dans leurs villes natales par des brèches faites aux remparts, et peu s'en faut que Milon de Crotone et ses semblables ne fussent mis avant Homère et Phydias. On sait les fêtes qui avaient été instituées, et qui, comme les combats de gladiateurs à Rome, les courses de taureau en Espagne, les réunions d'Epsom en Angleterre, étaient devenues des fêtes nationales. En Grèce, beauté était synonyme de bonté, et faiblesse de perversité. Voyez Thersite, c'est à la fois le plus laid et le moins fort des alliés contre Troie.

Chez nous, point de fêtes nationales où l'exercice du corps soit en honneur, c'est à peine si chez un peuple littéraire avant tout, les concours d'éloquence et de poésie aient leur milieu. Il serait donc bon dans nos réformes universitaires de mettre le gymnasiarque à côté du professeur, et le maître d'armes, non loin du professeur de science, sous peine de devenir bientôt une nation de mandarins, la risée de l'Europe, après en avoir été la gloire. Sans imiter les lois de Lycurgue qui, préférant la patrie à l'humanité, condamnait à mort les enfants venus au monde en état de difformité, il y a encore des réglements possibles. En tout cas, il faut que la France aussi soit un vaste camp, et peut-être est-il à désirer qu'on abolisse les places fortes, pour que les meilleurs remparts contre les ennemis, et les premiers obstacles contre les envahissements, soient les poitrines des citoyens vigoureux et dévoués.

21. — Une réforme non moins importante que je vois mal saisie et sans aucun doute compromise par les malheureux tâtonnements de la Chambre, c'est la décentralisation. Le grand malheur de notre pays a été de ne pouvoir ou de ne jamais vouloir faire ses affaires lui-même. Il lui a toujours fallu se décharger de l'administration et du gouvernement sur quelqu'un, comme il se déchargeait de la défense du territoire sur des mercenaires déguisés. Aussi les dictatures d'un seul homme ou d'une minorité ont-elles eu beau jeu avec lui.

Ce qui a fait la grandeur des peuples anciens que nous n'avons pas dépassés sur tous les points, ce fut leur intérêt pour la chose publique. Les Grecs allaient, la moitié des jours de l'année à l'assemblée de leur dème, et l'autre moitié, à celle de leur tribu. Cent quatre-vingt fois par olympiade, ils étaient convoqués à l'Agora pour l'assemblée générale des citoyens.

Chacun d'eux était à son tour magistrat dans son dême et dans sa tribu ; demi les ans, il était héliaste, et comme tel rendait, pendant 365 jours, des jugements. Deux fois en sa vie, il faisait partie du Sénat, et si le sort le désignait, il pouvait être encore magistrat de la cité, archonte ou stratége. A Rome, on passait jusqu'à 45 ans, ses heures dans les camps, et après cet âge le Forum vous réclamait.

Ces mœurs ne sont plus de notre temps. Cependant c'est une question de vie ou de mort qu'elles le deviennent. Une bonne loi sur la décentralisation peut seule nous y préparer, mais pour cela il ne faut avant tout ne pas froisser la nature. Il faut que le législateur ne s'amuse pas à créer des unités fictives, comme le département ou le canton, et y subordonne toutes les administrations. Alors l'individu restera encore caserné dans sa famille et sera froid à ces pouvoirs venus on ne sait d'où. Décentraliser doit signifier reconstituer, pour en faire des échelons entre la nation et la magistrature domestique, les groupes indiqués par la force des choses, donner la sanction légale à des unités toutes faites. La commune libre dans la province une, et la province libre dans la France une, tel est le vrai et le seul problème à résoudre ; et l'unité de la France peut être sauvegardée par la présence, auprès de chaque groupe, d'un surveillant du pouvoir central, chargé en même temps de prendre des mesures d'exécution pour les statuts généraux. Partout ailleurs on fera fausse route ; toutes les autres divisions ne sont fondées sur rien. Il n'y a

15

aucune agglomération naturelle, aucun lien de pàtrimoine, aucune communauté d'idées, aucune ressemblance de langage, aucun besoin d'importation ou d'exportation en dehors de ces unités. Autrement on accroîtra encore le réseau d'une administration qui nous écrase et dont il faut, à tout prix, élargir les mailles et régénérer la tradition.

Quant à moi qui ai longtemps réfléchi sur cette question, je n'y ai trouvé que deux tempéraments admissibles par le législateur ; ne pas organiser de commune au-dessous de deux mille âmes, parce que sans ce chiffre d'habitants les intérêts particuliers s'absorberont difficilement dans l'intérêt général, et le petit état aura une existence précaire ; ne pas reconstituer pouce de terrrain par pouce de terrain les provinces antiques, car seules, la Bourgogne, la Champagne, l'Ile de France, la Normandie, la Bretagne, le Languedoc, la Guyenne, la Provence, le Poitou présentent une étendue suffisante pour l'établissement définitif et restreint des cours d'appel, académies, divisions militaires, etc.; les autres devront être fusionnées suivant leurs rapprochements physiques et moraux pour faire une étendue à peu près égale aux précédentes.

Et tout ceci devra être basé sur le suffrage universel ; un nombre donné d'électeurs devra nommer un conseiller général ou un conseiller municipal, comme il avait droit sous l'empire, avec justice, sauf les remaniements électoraux, à nommer un député. Alors la France sortira peut-être de sa torpeur, chacun voudra gouverner dans les limites de sa puissance légale la chose publique. Le mot de Lamennais à sa patrie : « Pléthore au centre, paralysie aux extrémités,» ne sera plus que le conseil d'un médecin à son malade convalescent.

22. — Mais tout cela n'est pas suffisant encore pour la rénovation de la France. Il faut infuser du jeune sang dans ce vieux corps. Le moyen que je vais proposer est délicat, mais il est désintéressé. Au milieu de la désagrégation universelle, une seule chose est restée agrégée, et elle s'est d'autant plus agrégée que le reste se désagrégeait ; évidemment c'est une leçon pour les gouvernements, j'entends pour les gouvernements de bonne foi et qui se préoccupent de l'avenir de leur pays au lieu de faire de la politique au jour le jour.

La Société internationale des travailleurs avait été uniquement inspirée à son début par un sentiment de solidarité et de paix, elle ne visait rien moins qu'à effacer et confondre les nationalités dans un intérêt commun et supérieur, le patronage des philosophes et des pasteurs de tous les pays lui était acquis. On sait ce qu'à la suite d'une crise sans précédent dans l'humanité est devenue cette société. L'élément russo-allemand l'a envahie, de mutuelliste elle s'est faite communiste, et d'humaine politique. Après avoir recruté des travailleurs, elle a ouvert ses rangs à ceux qui ne travaillent pas et enfin à tous les flétris de la société. Ils ont commis en son nom des crimes que les nécessités de la lutte peuvent expliquer, mais dont l'étrangeté et les dimensions sont un objet de répulsion pour toutes les consciences, et une tache pour la civilisation. Elle a commencé par Jules Simon et fini par Billioray.

Mais elle n'est pas dissoute aujourd'hui, elle n'est que mitraillée et déportée. Une pareille société avec de pareils principes relèvera un jour ou l'autre la tête, et la lèvera d'autant plus qu'on lui fera la guerre, semblable à la rivière qui coule limpide et bienfaisante dans la prairie naturelle, mais si la main de l'homme veut la serrer derrière une digue, rompt tôt ou tard ses entraves et se précipite comme un torrent, emportant avec elle les maisons et les habitants. Il faut pour l'empêcher que l'état se substitue à la direction extra-légale et qu'il se modèle à l'image de ce qui a subsisté quand tout périssait, après avoir dégagé les bons principes et transformé les mauvais. Y voit-on impossibilité, contradiction avec le point de départ de la république? Ne commençons-nous pas déjà à dépouiller le vieil homme? Ces mots de liberté de conscience, de suffrage universel, si prônés il y a un demi-siècle, ne sont-ils pas regardés aujourd'hui seulement comme un moyen?

Il y aura bientôt 1900 ans que naquit un révolutionnaire social et religieux comme tous doivent l'être, qui eut bientôt de nombreux disciples, les chrétiens. Sur leur dos, mais avec moins de certitude que pour les communeux, les historiens anciens ont mis un incendie épouvantable, celui de Rome, où ils auraient voulu détruire les produits d'un luxe malsain et les images des dieux, quoiqu'elles fussent mêlées

aux merveilles de l'art. Après avoir traité de *Gentils*
(nés dans une *Gens*), c'est-à-dire aristocrates, les des-
cendants de Romulus, ces chrétiens les nommèrent
Payens (*Pagani* de *Pagus*, bourg), c'est-à-dire ruraux ;
un de leurs chefs a mutilé la colonne Trajane, cette
ancêtre de la colonne Vendôme. Après la chute du pa-
ganisme, ces chrétiens ont changé la couleur de l'histoire, comme Delescluze, Pyat, Vermorel et consorts
triomphants auraient pu le faire à l'égard des Ver-
saillais. Lorsque les empereurs romains virent que
les persécutions n'y faisaient rien, il s'en trouva un,
Constantin, qui embrassa leur religion et mit son trône
à l'ombre de la Croix, naguère l'instrument des plus
vils supplices.

L'état français en l'imitant fera faire un pas à
la création des Etats-Unis d'Europe, préservatrice
des guerres futures ; il commencera la régularisation de ce grand mouvement contemporain, l'avénement du prolétariat, avénement forcé et utile, car
cette classe, avec tous ses vices, a quelques qualités de jeunesse qui pourront peut-être régénérer la
France. Enfin il extirpera l'hérésie qui menace d'en-
vahir l'Internationale, comme Constantin encore qui
convoqua le concile de Nice, y fit condamner Arius et
fonda le christianisme gouvernemental, en l'épurant
d'une secte presque aussi forte que la vraie branche,
en le débarrassant de tous ces adeptes trop ardents et
trop compromettants.

23. — Si nous pouvons être sauvés encore, voilà
le seul moyen, mais ma conviction est que tout sera

inutile. Dante, nous sommes arrivés à la porte de ton enfer, et le mot fatal a de nouveau sauté aux yeux : *Lasciate ogni speranza*. Et pourquoi nous flatterions-nous d'être immortels ? La Chine a été remplacée par l'Inde, l'Inde par l'Asie-Mineure, l'Asie-Mineure par la Grèce, la Grèce par Rome ancienne, Rome ancienne par l'Italie sous Léon X, et celle-ci par la Péninsule Ibérique au temps de Vasco de Gama, de Christophe Colomb, de Calderon, de Cervantès et de Murillo, etc. Les peuples se sont succédés à l'arbre de la vie, comme les feuilles aux arbres des forêts. Il faut qu'il se fasse un humus engraisseur ; que la grande règle, rien ne se perd, rien ne se crée, soit satisfaite. Nous voulons faire encore la loi au monde après trois siècles de gloire littéraire, artistique, militaire, juridique, commerciale, ayant réuni ainsi les splendeurs de la ville de Romulus à celles de Minerve. La civilisation doit suivre la marche du soleil, de l'Orient à l'Occident ; les races Slaves et Germaniques montent, aujourd'hui l'Allemagne, demain l'Amérique. Chaque peuple est venu sur la terre, naître, produire et mourir. Rome a fait taire les murmures de tout le monde connu, pour entendre découler des lèvres de Jésus la morale de la fraternité. Notre révolution a débordé sur l'Europe et passé l'Océan. L'enfantement d'une autre société nous coûte la vie, comme l'enfantement de la nôtre a coûté la vie à la société gréco-latine, sa mère.

Mais si nous devons mourir, et l'essai de galvanisation tenté par Gambetta, après lequel la France est retombée dans le marasme, prouve bien que le jour de mort est arrivé, que faire de mieux? Imiter les bons travailleurs qui s'endorment sur le sillon, la moisson terminée, en plein soleil et bien posés; au lieu de salir nos cheveux blanchis en nous enivrant, en pleurant, en grimaçant, rusant ou rugissant, de peur de ressembler à Noé auxquels ses enfants furent obligés de jeter un manteau. Chanaan rit déjà de nous; bornons-nous à lui démontrer qu'il hâte notre agonie, et fiers de notre œuvre, recueillons-nous devant le trépas.

TABLE DES MATIÈRES

—

SAINT-MAIXENT, TYP. CH. REVERSÉ.

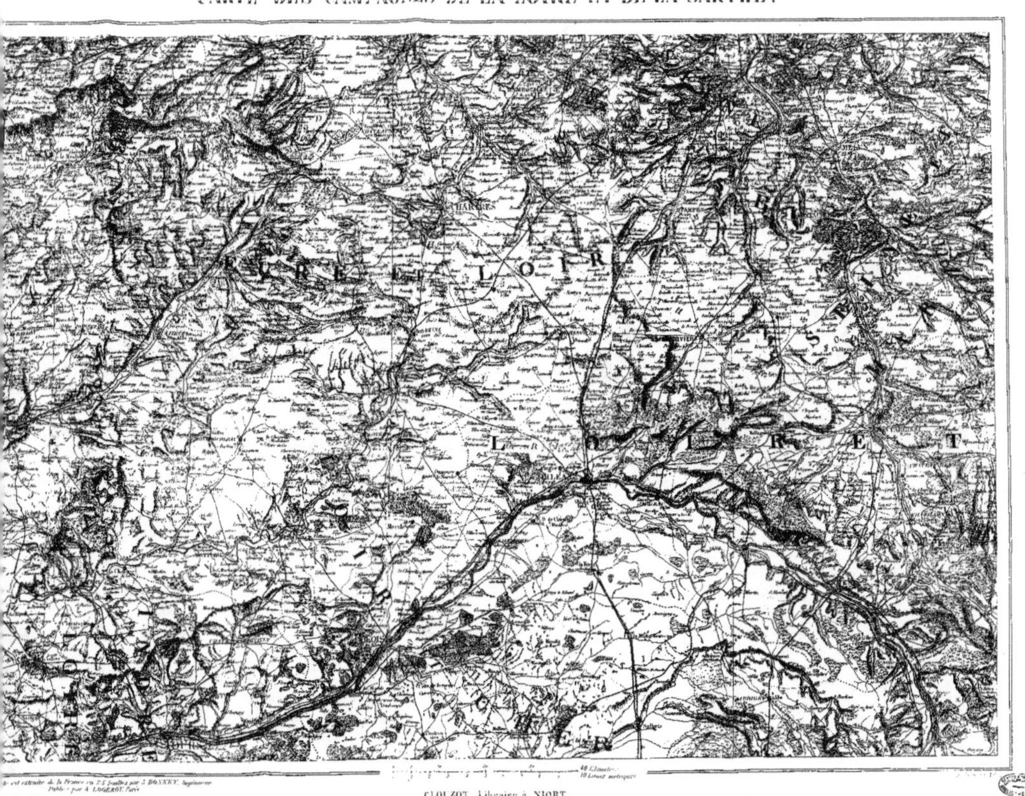
HARRRES
EURE ET LOIR
LOIRET
SARTHE
40 Kilomètres
10 Lieues métriques

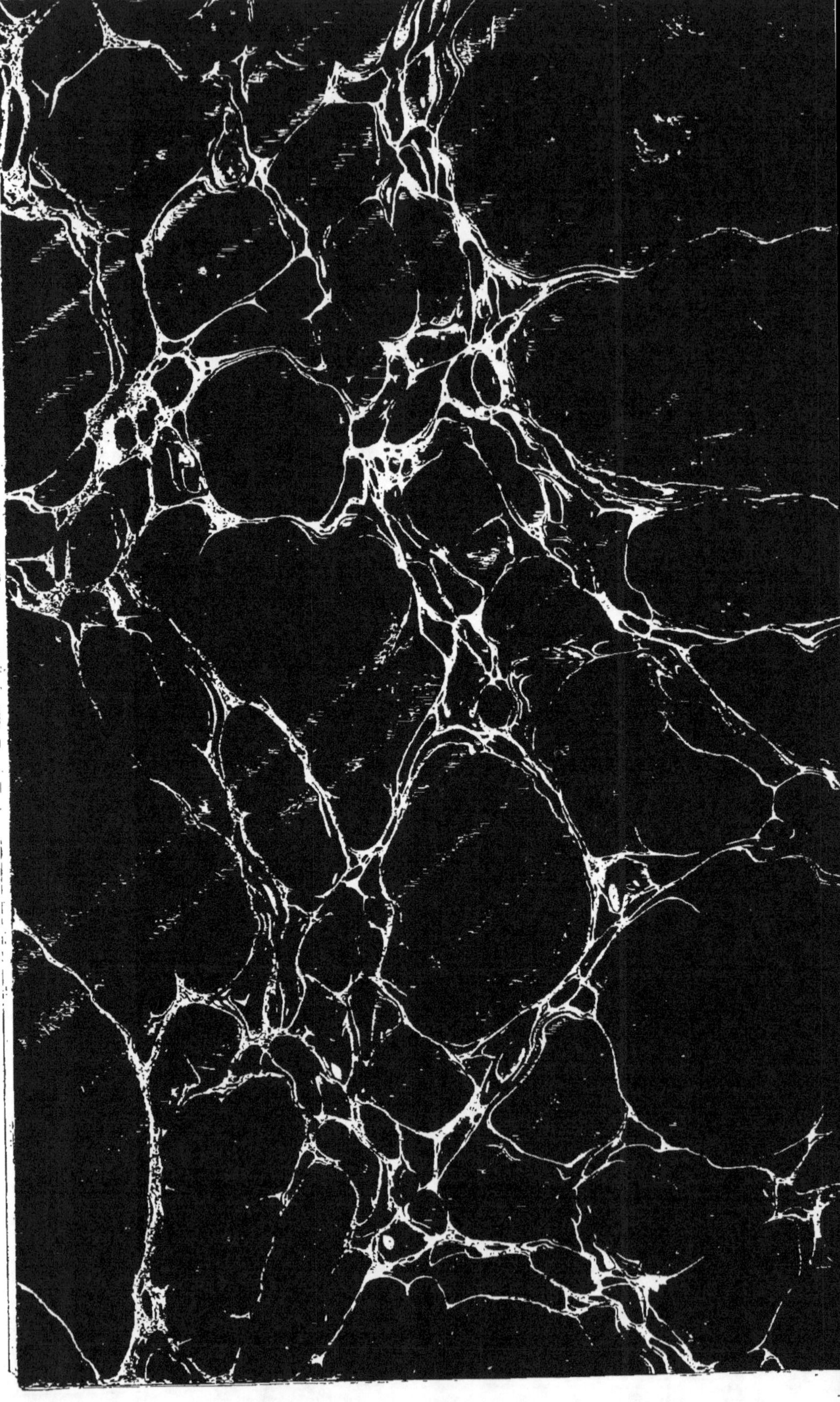

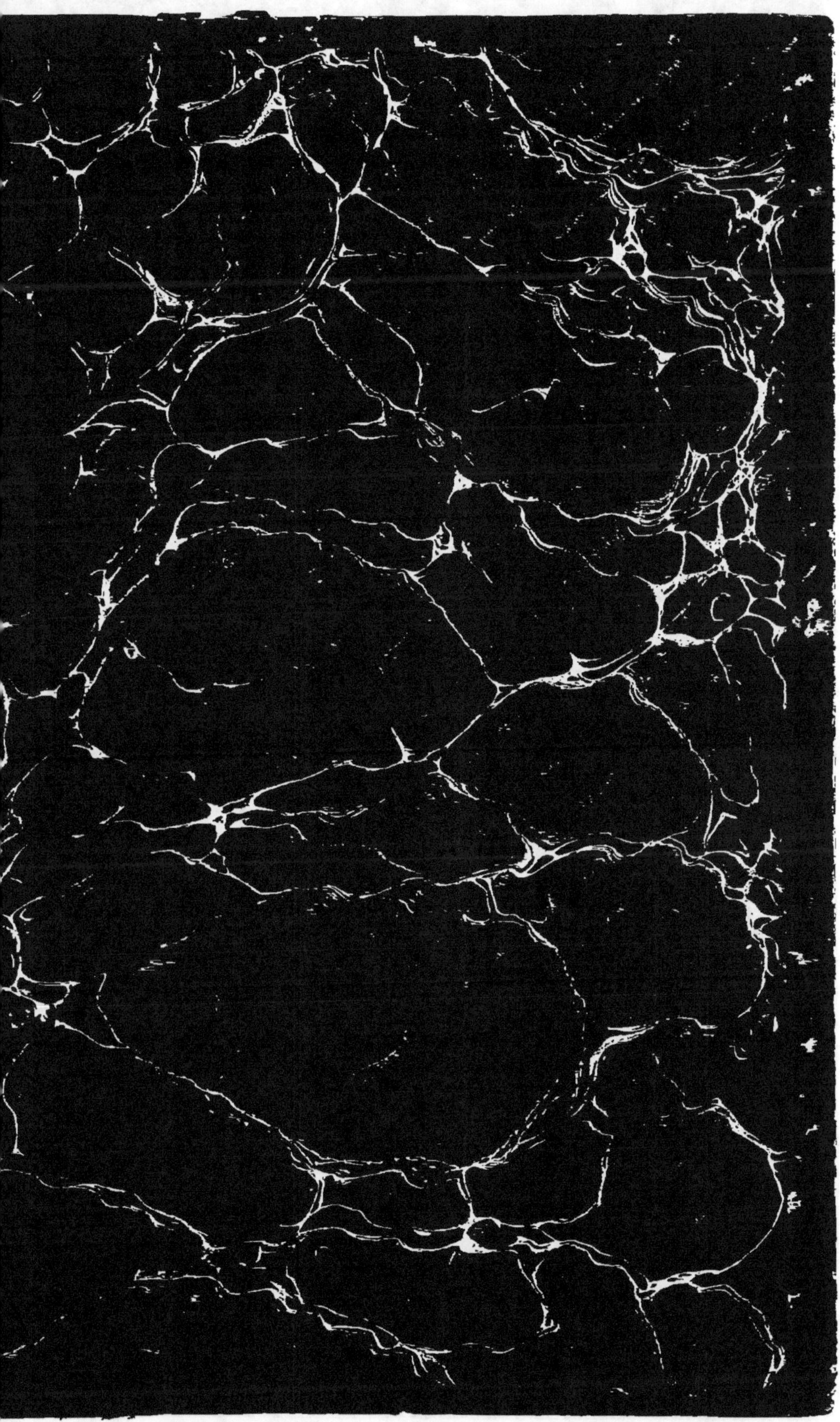

BIBLIOTHEQUE NATIONALE DE FRANCE
3 7531 03607877 3